UTE UND RAINER WENGENROTH UND IHRE TAFELFREUNDE

Dem König hat's gefallen

kunstWERK Ute Wengenroth

... und 195 andere Rezepte und Küchengeschichten.

www.ute-wengenroth.de

Umschlagillustration und Konzeption: Ute Wengenroth (Hrsg.)
Fotografie und Bildbearbeitung: Rainer Wengenroth

Umschlag, Layout, grafische Gestaltung und Satz:
Davide De Leo (www.thecore-design.de)
Redaktion und Text: Nicole Frenken (nic@commu-nic.de)

Druck: johnen-druck GmbH & Co. KG (www.johnen-gruppe.de)

Bildnachweis: © Albert Witt (S. 172, 173), © Hartmann//Koch (S. 246–255), © Quade – fotolia.com (S. 118, 258).
Alle übrigen Aufnahmen: Rainer Wengenroth.

Printed in Germany
ISBN 978-3-00-039881-0

„Träume sind unser Treibstoff."

Ute und Rainer Wengenroth

SCHÖN,

dass Sie hier sind. Sie werden auf den folgenden Seiten viele verschiedene Menschen kennen lernen. Sie sind schon lange in unserer Heimat im Westerwald und an der Lahn verwurzelt oder kamen aus der Ferne hierher und haben hier ihr neues Zuhause gefunden. Sie leben in unserem Lieblingsweinanbaugebiet in Österreich oder kamen aus dem Piemont zurück nach Koblenz.
Sie sind junge, talentierte Nachwuchsköche im Grundschulalter oder alte Gastronomie-Hasen.
Sie sind so abwechslungsreich und bunt wie das Leben – aber sie alle eint die Liebe zu gutem Essen, zu frischen Zutaten und dem beglückenden Zusammensein bei Tisch.

Schon lange träumten wir davon, ein Kochbuch herauszubringen. Mit den besonderen Rezepten und Geschichten, die unsere Genussgefährten im Gepäck haben. Garniert mit den Fotos, die bei unseren gemeinsamen Kochabenden in den Küchen unserer Tafelfreunde entstanden sind. Nun halten Sie unseren Traum in den Händen.
Wir würden uns freuen, wenn Sie in die bunten Geschichten unserer Tafelfreunde eintauchen und ihre und unsere Rezepte nachkochen würden.

Genießen Sie die Gerichte und die begleitenden Weine – und vor allem die gemeinsame Zeit beim Zubereiten der Menus und beim anschließenden Tafeln mit lieben Menschen,

Ihre

Ute & Rainer Wengenroth

Ute und Rainer Wengenroth

PS: **Wenn nicht anders angegeben, beziehen sich die Rezepte auf 4 Personen.** Leider können wir keine hundertprozentige Geling-Garantie übernehmen. Wir sind Küchen-Freigeister, die sogar kurz überlegt haben, im Kochbuch ganz auf Mengenangaben zu verzichten und das Werk „Maßlos" zu nennen. Nun sind wir aber viel glücklicher mit dem letztendlichen Titel „Dem König hat's gefallen". So lautet die deutsche Übersetzung von Veli Ibrahimogullaris türkischem Gericht „Hünkar Begendi". Danke für dieses poetisch klingende und lecker schmeckende Gericht, das dem Buch seinen Namen gab!

INHALT

Dieses noch original erhaltene Kinderbuch hat Ute inspiriert. Nicht nur, weil Künstler spät aufstehen dürfen, stand ihr Berufswunsch schon im zarten Alter von vier fest.

Noch eine Prise Kreativität gefällig?

UTE WENGENROTH –

KOCH-KUNST MIT HERZBLUT

Ute Wengenroth sorgt nicht nur für den „malerischen Rahmen“ des Kochbuchs

„Wenn ich groß bin, werde ich ein Kunstmaler“. Ein Kinderbuch pflanzte der vierjährigen Ute ihren Berufswunsch ein, den sie nie ablegte. „Aufgeben ist nicht meine Stärke.“ Eifrig verfolgte Ute Wengenroth das Ziel, mit Kunst und schönen Dingen ihren Lebensunterhalt zu bestreiten. Im zarten Alter von nur 21 Jahren eröffnete sie ihr Rahmenstudio mit Geschenke-Galerie in Montabaur. In den ersten Jahren war der Weg der Selbständigkeit nicht immer mit Rosen bestreut.

Rosen und Dornen

Aber dennoch hat sie keine Sekunde lang darüber nachgedacht, den Weg zu ihrer Berufung aufzugeben. Sie selbst brannte für ihren Lebenstraum und niemand konnte sie aufhalten. Schon bald wurde sie mit vielen Stammkunden belohnt, die Utes Stil und Kreativität schätzten. Schon während ihrer Ausbildung in der Glasfachschule hat ihr das handwerkliche Fach „Bilderrahmung“ großen Spaß bereitet. In ihrer eigenen Galerie wurden die Rahmungen ein wichtiger Geschäftsbereich. Und so ist es auch heute noch in ihrer Galerie „KunstWerk Ute Wengenroth“ in der Limburger Hospitalstraße. „Es ist eine beglückende Aufgabe, mit dem Kunden zusammen den perfekt passenden Rahmen für seine Fotografie oder sein Lieblingsbild zu finden. Es muss das Objekt erstrahlen lassen – und außerdem zu seinem Stil und zu seiner Wohnungseinrichtung passen“, erzählt Ute.

Kulinarik der besonderen „Art“: Auch an Utes Leinwandmotiven erkennt man ihre Leidenschaft fürs Kochen.

Acryl und Öl

Wenn sie nicht gerade Leisten und Passepartouts zurechtschneidet, malt sie an ihren eigenen Bildern. Am liebsten Acryl oder Öl auf Leinwand, gerne aber auch andere Farben und Trägermaterialien. Es handelt sich um Auftragsarbeiten für große Unternehmen, Arztpraxen und Privathäuser, um Portraits von Kunden oder auch um eigene, frei gewählte Themen. „Inspiration für meine Motive bekomme ich überall, wo ich gehe und stehe“, erzählt Ute, „im Gespräch mit Menschen, auf Reisen, beim Theater- oder Cafébesuch.“ Ihr bisher größtes Werk maß 6 Meter. Viele Kilogramm Farbe verwandelte Ute zu einem Blickfang für eine große Eingangshalle. „Welch‘ ein unglaublich beflügelndes Gefühl, als der vom Zimmermann gefertigte Keilrahmen mit dem LKW abgeholt wurde …“

Kochen und Liebe

Neben der Kunst ist auch das Kochen eine große Leidenschaft in Utes Leben. „Kochen ist mehr als ein Hobby, es ist ein Lebensinhalt“. Sie hat sich die Küchenkunst selbst beigebracht. Schon in jungen Jahren hat sie große Mottopartys für Freunde ausgerichtet und sie opulent bekocht. Den Fundus an Küchentricks und Rezepten erweiterte Ute im Laufe der Jahre. Viele Eigenkreationen sind hinzugekommen, die in diesem Kochbuch verewigt sind. Immer wieder bitten Freunde Ute und Rainer, das Catering für ihr Fest zu übernehmen. Dann kommt Ute richtig in Fahrt: Sie stimmt die Menufolgen aufeinander ab, kreiert die zum Anlass oder Motto passende Dekoration und sucht die passenden Weine aus. Wer ist ihr liebster Küchenassistent? Natürlich ihr Mann Rainer, ihre große Liebe auf den ersten Blick. Er ist genauso begeisterungsfähig wie seine Frau. Als Ute ihm ihren alten Traum präsentierte, ein Kochbuch herauszubringen, war Rainer sofort Feuer und Flamme.

www.ute-wengenroth.de

Malen,
kochen, genießen –
UTES HERZ GEHT AUF . . .

Koch-Kunst!

WAHRE **TRÄUME.**

Ute Wengenroth wollte schon als Kind Malerin werden. Dass Ute ihre Träume realisiert, beweist dieses Buch.

Ein Auge für's Detail!

RAINER WENGENROTH IST DER *Fotograf* *dieses Kochbuchs.*

DER **GOLDENE SCHNITT!**

Rainer Wengenroth fühlt sich **hinter der Kamera wohler als davor.**

RAINER WENGENROTH –

TRAUM-MANUFAKTUR MIT REALEM OUTPUT

„Zusammen ist man doppelt kreativ“

Viele Menschen haben ungewöhnliche Ideen. Aber Rainer Wengenroth möchte seine kreativen Träume auch umsetzen. Als ihm seine Frau Ute offenbarte, schon seit vielen Jahren ein Kochbuch herausbringen zu wollen, war kein Halten mehr. Rainer ermunterte sie, die Rezepte aufzuschreiben und die Menus der Kochabende mit Freunden festzuhalten. Er selbst fotografierte diese kulinarischen Begegnungen und setzte so den Grundstein für dieses Buch. „Zusammen sind wir nicht nur stärker, sondern auch doppelt kreativ“, schwärmt Rainer von seiner privaten und künstlerischen Partnerschaft mit Ute. „Von der ersten Bildidee bis zum fertigen Werk. Oftmals gehen wir diesen Weg gemeinsam – und dieser Prozess ist unglaublich bereichernd für uns beide.“

Jetzt oder nie

Rainer war vor seinem Einstieg in Utes Atelier „KunstWerk“ lange Jahre Manager in der IT- und Telekommunikationsbranche. Ewige Telefonkonferenzen und scheinbar nie endende Meetings erfüllten Rainer irgendwann nicht mehr. „Ich hatte eine plötzliche Eingebung: Mit 85 ist es für die Wörtchen ‚hätte‘ und ‚wäre‘ zu spät. Träume muss ich jetzt sofort erfüllen!“ Seine künstlerische Ader wollte Rainer fortan stärker ausleben und seine zahlreichen Bildideen großformatig fotografisch umsetzen. In Ute hat er sein Pendant gefunden. Das Paar hat viele Gemeinsamkeiten. „Ein Geschenk, denn immerhin sind wir Tag und Nacht, privat und geschäftlich zusammen.“ Und wenn man das Hobby des anderen nicht aktiv teilen sollte, so interessiert man sich zumindest dafür. Als Rainer 2004 die „Transalp Challenge“ bestand, malte Ute ein Bild von diesem extremen Mountainbike-Rennen. Auch in der Küche ergänzen sich die beiden bestens. Dass Ute lieber Rotwein trinkt und Rainer Weißwein bevorzugt, sehen die beiden als leicht überwindbaren Gegensatz an. Die Geschmacksähnlichkeiten sind eindeutig in der Überzahl.

Stadt und Land

Rainer ist wie Ute auch ein Stadt-Land-Mensch. „Warum soll ich mich entscheiden? Ich kann doch beides haben: den Cocktail in der hippen neuen Bar in Düsseldorf und auch das Feierabendbier mit dem Nachbarn auf der Treppe in unserem Dorf.“ Wie wäre es denn bei der großen Leidenschaft fürs Kochen mit einer eigenen Gastronomie? Rainer ist nach dem Kochen immer schon satt vom Naschen und den vielen Wohlgerüchen. Insofern wären Restaurantgäste doch praktisch, denen er dann seine Küchenergebnisse servieren könnte, scherzt er. Aber Rainer und Ute hängen viel zu sehr an ihrem Beruf, der gleichzeitig ihre Berufung ist: Aus visuellen Träumen reale Bilder zu produzieren, die dann auch noch von Ute den würdigen Rahmen verliehen bekommen. Der Gastronomietraum wäre für Rainer und Ute nur mit einem angeschlossenen Atelier denkbar. „Ich werde immer malen“, prophezeit Ute. Was spricht also gegen ein „Atelier-Bistro“ irgendwo zwischen Stadt und Land? Zukunftsmusik? – Wer weiß? Den Kochbuch-Traum haben sie schließlich sehr schnell verwirklicht! Mal schauen, was als nächstes kommt.

Transalp Challenge 2004: Rainer strampelte, Ute malte. Zusammen haben sie eine Collage aus Rainers Fotos und Utes Malerei erstellt. Eine Technik, die sie über die Jahre perfektionierten.

Jan Zimmerschied hat drei Haustiere – zwei Hunde und Borsti, das Wildschwein.

JAN ZIMMERSCHIED –

ALLES ZU SEINER ZEIT

Gepflegt genießen!

Tagsüber hat Jan Zimmerschied als Chef einer Pflegeheim-Gruppe ein eng getaktetes Arbeitspensum zu bewältigen und ist mit vielen unterschiedlichen Menschen umgeben – abends fährt er gerne in die Einsamkeit seines Hauses am Mengerskirchener Waldrand, wo schon sein Wildschwein Borsti und seine Hunde auf ihn warten.

Altenpflege seit Kindertagen

Die zwei Jahre, die er als Schüler und Student in der unglaublichen Weite der Vereinigten Staaten zugebracht hat, genoss er genauso wie heute die überschaubare Idylle der Westerwaldausläufer.

„Alles zu seiner Zeit", könnte Jan Zimmerschieds Leitspruch sein. Irgendwann ist im Leben eines älteren, kranken Menschen auch die Zeit, Hilfe und Pflege anzunehmen. Damit dieser Schritt für den Einzelnen so angenehm wie möglich ausfällt, perfektioniert Jan Zimmerschied zusammen mit seinem Team die Abläufe und Angebote seiner Pflegeeinrichtungen. „Wir bauen die Pflegeheime so auf, dass wir als Betreiberteam auch selbst gerne im Alter dort leben würden", erklärt er das Erfolgsrezept seiner immer ausgelasteten Häuser.

Jan ist in diesen Beruf hineingeboren worden: Seine Mutter hatte schon ein Altenheim mit 40 Betten. Als der Vater krank wurde, unterbrach der junge BWL-Student das Semester und half im Familienunternehmen aus. Nach dem Uniabschluss wollte er der Altenpflegebranche endgültig den Rücken kehren und Unternehmensberater werden, aber das Leben in Hotels und die Pflicht, ständig Arbeitskräfte entlassen zu müssen, missfielen ihm. Also zurück zu den Wurzeln, die ihn nie ganz losgelassen haben.

Engagement und Leidenschaft

Er mag ältere Menschen und schätzt diejenigen, die sich der Pflege verschrieben haben. Heute hat Jan Zimmerschied in der Neuplanung von Pflegeheimen und in ihrer Führung seine Berufung und seine Erfüllung gefunden und bringt mit viel Engagement und Leidenschaft die Pflegeheim-Gruppe nach vorne. In den Arbeitspausen bekocht er gerne Gäste und tischt am liebsten einfache, leckere, gesunde Gerichte aus Pute oder Fisch auf. Dazu dann auch ganz selten mal einen roten Wein. Alles zu seiner Zeit!

EIN FEIERABEND, WIE JAN ZIMMERSCHIED ES SCHÄTZT: **EIN BBQ FÜR FREUNDE …**

BEER CAN CHICKEN

all time favourite

KNUSPRIGES HÄHNCHEN.
KNACKIGER SALAT.

Halbvolle Bierdose.

Sieht unscheinbar aus, aber bewirkt in diesem Rezept geschmacklich Gutes
als Halter für das Grillhähnchen.

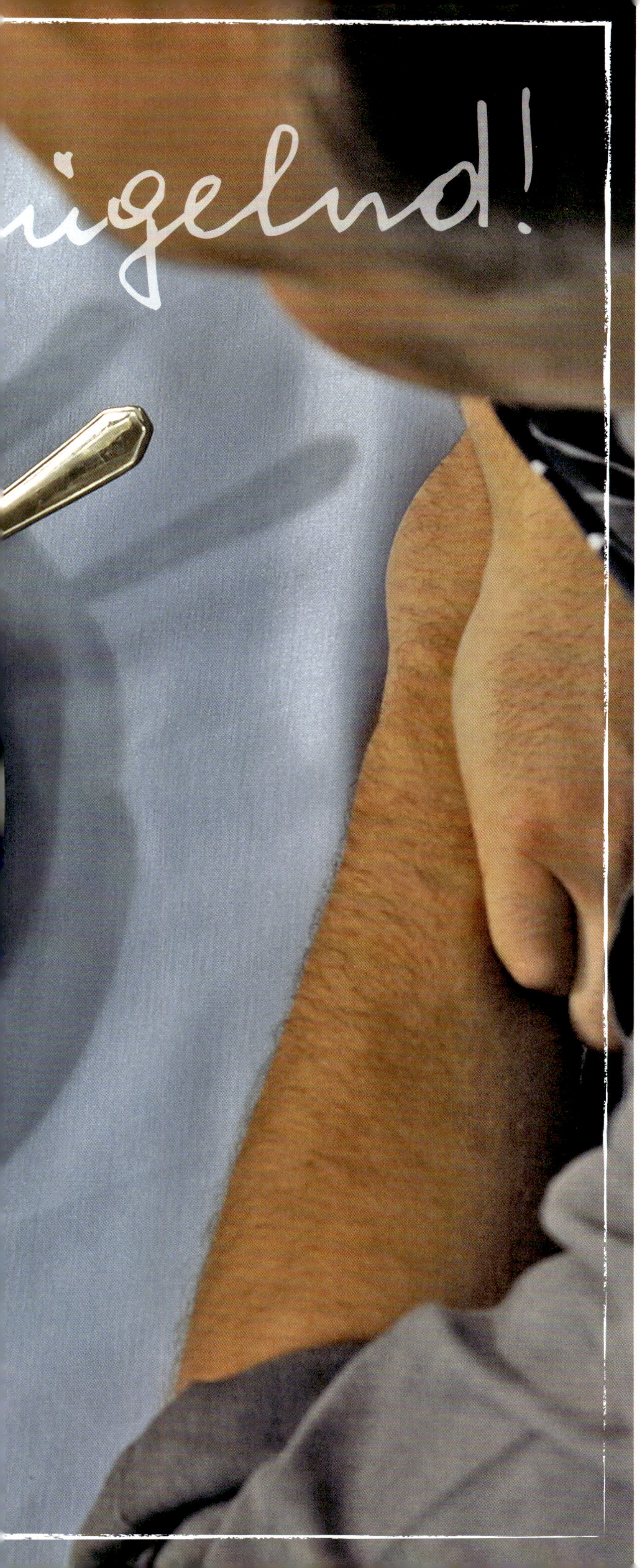

Beer Can Chicken

1 großes Maishähnchen

100 ml Bier

Salz, Pfeffer, Paprikapulver

Knoblauch

Thymian, Rosmarin

4 Limetten

Hähnchengrillhalter (alternativ: Bierdose)

Salz, Pfeffer, Paprika und geschälten Knoblauch nach Geschmack im Mörser verrühren. 2 Limetten in feine Scheiben schneiden und mit der Würzpaste unter die Hähnchenhaut schieben. Die übrigen Limetten kleinschneiden und zusammen mit den Kräutern in das Innere des Hähnchens geben. Nun das Hähnchen mit dem Hals nach oben auf den mit Bier gefüllten Halter setzen, alternativ auf eine halbvolle Bierdose.

Das Hähnchen in den vorgeheizten Kugelgrill oder Backofen (etwa 180 Grad) geben. Nach 1 Stunde sollte die Kerntemperatur des Hähnchens ca. 80 Grad betragen und die Haut schön kross sein.

Gunnar Zessel

AUGENSCHMAUS FÜR DESIGNLIEBHABER – **IM RUHDICHAUS STIMMT JEDES DETAIL.**

GUNNAR ZESSEL –

HART ARBEITENDER PHANTAST

Ein Event- und Messebau-Designer inszeniert das Leben

So, wie sie ihre Messen und Events planen, so bitten Gunnar und das NA + 1-Team auch zu Tisch: Mit viel Emotion und Gespür für Ästhetik.

Gunnar Zessel wollte schon von klein auf Großes kreieren. Eine riesige Vorstellungskraft, Sinn für Ästhetik und ein Auge für Design sind ihm mitgegeben worden.

Gebürtig stammt Gunnar aus Heistenbach bei Diez und er spürte schnell, dass es irgendwo da draußen mehr zu entdecken gibt. Rauf aufs Mofa und rein in die große Welt! Er lernte erst den Schreiner- und Dekorateurberuf, um sich dann auf Event- und Messebau zu spezialisieren. „Immer wenn die anderen gefeiert haben, habe ich an meinen Event-Projekten gearbeitet", erzählt Gunnar. Heute erntet er die Früchte dieser harten Arbeit. 29 Angestellte arbeiten für sein Unternehmen NA + 1 in Limburg, allesamt Menschen, die ihren Beruf lieben.

Rein in die Welt

Emotion ist Gunnar Zessel wichtig. Sein Unternehmen führt er ganz aus dem Bauch heraus, genauso wie er an die Designs der Eventbühnenbilder oder der Messestände herangeht. Natürlich muss jeder Euro, den ein Unternehmen in einen Messestand „designed and made by NA + 1" investiert, auch bei der Zielgruppe ankommen. Die schönste Rückmeldung auf eine gelungene Installation oder ein bahnbrechendes Standkonzept seien aber die glänzenden Augen der Auftraggeber und Besucher, findet Designer Zessel. So wie kürzlich, als sein Team unter großem Applaus einen Hubschrauber original und maßstabsgetreu für eine Messe in Köln nachbaute. In Limburg sei er ein wahrer Exot, ein buntes Zebra. Der Großteil der Kunden sind international operierende Unternehmen, so dass Gunnar Zessel und seine Mitarbeiter meistens in der weiten Welt unterwegs sind. Eine Messe in London, ein Bühnenbild in Barcelona, ein Event in Peking. Bei so viel Highlife mit Big Business, Glamour, Musik und Promis sehnt sich Gunnar ab und zu nach Entschleunigung und bleibenden Werten. Seine Messestände wandern ja nach der kurzen Showtime auf den Müll.

Raus aufs Land

Mit seinem neuen, von jedermann zu mietenden Gästehaus „RUHDICHAUS" in Dörnberg hat er nun einen Kontrapunkt in seinem schnell getakteten Leben gesetzt. Ein Haus für gestresste Großstädter mit vielen komfortablen Annehmlichkeiten, durchdachter Technik, einer Wellnessetage und mit viel Design – aber am Rande der Welt gelegen, wo sich Fuchs und Hase „Gute Nacht" sagen. Sind die Batterien wieder aufgeladen, steht in diesem Gästehaus der besonderen Art auch eine Harley Davidson zur Verfügung, um die Gegend zu erkunden. Auftanken auf dem Land – und dann wieder kreativ sprudeln für Designs an den Hotspots des Planeten.

„Am Ende der Welt-Carpaccio“

500 g Rote Bete, gegart

100 g Rucola

gehobelter Parmesan

Pfeffer, Salz

Walnusskerne

gutes natives Olivenöl

Balsamicoessig

Rote Bete mit Gemüsereibe in dünne Scheiben hobeln oder mit einem Messer in sehr feine Scheiben schneiden. Die Scheiben auf einem Teller verteilen. Die Rote Bete nach Belieben pfeffern und salzen. Den Rucola waschen und trocken schleudern. Dann über der Roten Bete verteilen.

Den gehobelten Parmesan und die Walnusskerne dekorativ über dem Ganzen verteilen und zum Abschluss alles mit Olivenöl und Balsamico beträufeln.

Herthasee-Cocktail

(für 6 Personen)

300 g Zitronensorbet

½ Flasche Prosecco

10 cl Wodka

6 Minzstängel mit Blättern

In einer sehr kalten Schüssel das Zitronensorbet mit dem Wodka und Prosecco vermischen. Mit einem Schneebesen aufschlagen, bis alles schön schaumig geworden ist. Den Herthasee-Cocktail in hohe Gläser füllen und mit einem Minzezweig garnieren. Sofort servieren.

Pastinaken-Pancetta-Tagliatelle mit Parmesan und Butter

12 Scheiben Pancetta oder durchwachsener Räucherspeck (Bacon)

1 Handvoll Rosmarin-, Thymian- oder Bohnenkrautblättchen

4 Stückchen Butter

2 Knoblauchzehen, geschält und fein geschnitten

2 Pastinaken, geschält, längs halbiert und fein geschnitten

450 g Tagliatelle

3 gute Handvoll geriebener Parmesan

Meersalz und frisch gemahlener schwarzer Pfeffer

In der Hälfte der Butter Pancetta und die Kräuter in einer Pfanne zwei Minuten lang anbraten.

Danach Knoblauch und Pastinaken hinzugeben. Den Speck drei Minuten lang bei mittlerer Hitze goldgelb anbraten. Die Tagliatelle nach Packungsanweisung kochen, abgießen und etwas Nudelwasser zurückbehalten. Pasta mit den Pastinaken und dem Speck vermischen. Die restliche Butter und den Parmesan einrühren und etwas Nudelwasser zugießen. Nach Belieben würzen.

www.ruhdichaus.de
NA+1

ssel und das Team bitten zu Tisch!

Der Augenblick für den **Gastgeber.**

IN WENIGEN MINUTEN WERDEN DIE GÄSTE EINTREFFEN. DER BLICK WANDERT ÜBER DEN LIEBEVOLL GEDECKTEN TISCH. **AN ALLES GEDACHT? WO IST DER KORKENZIEHER? LANGSAM WEICHT DIE SPANNUNG DER VORFREUDE ...**

ÜBERRASCHUNG GELUNGEN.
UNSER LIEBLINGSGERICHT.

Roman Acht ist erfolgreicher Ruderer. Gerade hat er eine Bronzemedaille im Doppelvierer abgeräumt. Sein Vater Martin Acht verleiht seiner Frau Sabine die Goldmedaille für ihre Kochkünste.

SABINE UND MARTIN ACHT –

ACHT-UNG, HEISSE HERDPLATTE!

Bei Sabine Acht wird die Küche nie ganz kalt

Martin Acht, Inhaber des Modehauses Vohl & Meyer in Limburg, hat vor langer Zeit mal einen Kochkurs belegt. Offensichtlich sei dieser aber schon verjährt, befindet Ehefrau Sabine. Lediglich Schokoladenpudding gelingt Martin immer noch gut. Was bleibt da Sabine Acht übrig, als selbst zu Küchenmesser und Bratpfanne zu greifen? Denn auf gutes Essen legt die gesamte Familie großen Wert. Die drei mittlerweile erwachsenen Kinder schätzen Mutters Experimentierlust in der Küche.

Ruder und Kochlöffel

Von ihren Reisen an die Nordsee, auf Mittelmeerinseln oder in die Wachau bringt Sabine Acht ungewöhnliche Rezeptideen und Zutatenkombinationen mit nach Hause. Sehr zum Vergnügen der Kinder, ihrer zahlreichen Freunde und der häufig einkehrenden Gäste im Hause Acht. Die Küche wird folglich auch nie richtig kalt im „Hotel Mama“. Und falls Sabine Acht mal phasenweise auf „only Bed & Breakfast“ umstellt, übernehmen die Kinder Katrin, Meike und Roman die Küchen-Rolle. Vor allem Roman, der erfolgreiche Limburger Ruderer, der bei der U23-Weltmeisterschaft 2012 den dritten Platz im Doppelvierer Leichtgewicht belegte, tauscht dann gerne das Ruder gegen den Kochlöffel aus. So kommt es vor, dass Sabine und Martin Acht nach einem anstrengenden Tag im Modehaus daheim einen gedeckten Tisch vorfinden.

Doppelvier ist Acht

Wildgerichte schätzt die ganze Familie. Dazu gerne mal ein selbstgemachtes Rotkraut, in Rotwein eingelegt. Für das Kochbuch hat Sabine einen Rehrücken ins Rohr geschoben und spontan dazu eine Lebkuchensauce erfunden. Wohl allen, die am „Achter-Tisch“ Platz finden, sie werden vortrefflich verwöhnt. Bei viel Glück sogar mit Sabines Martinsgans und Martins Schokopudding.

Salat mit Mango und Tiger Prawns

ca. 400 g gemischte Blattsalate

1 reife Mango

12–14 King Prawns

1 Granatapfel

1 Knoblauchzehe

1 kleines Stück Ingwer

1 Schuss Orangensaft

1 EL Akazienhonig

1 TL Dijon-Senf

weißer Balsamicoessig

Olivenöl

Salz, Pfeffer, Zitronenpfeffer

Salat putzen, Mango schälen und entkernen. Salatsauce aus Orangensaft, Akazienhonig, Senf, Essig, Öl, Salz, Pfeffer, Zitronenpfeffer anrühren.

Ingwer und Knoblauch schälen und fein hacken. In Olivenöl erhitzen und Garnelen darin anbraten.

Salat mit Mango, Salatsauce, gebratenen Garnelen und Granatapfelkernen servieren.

Rehrücken mit rotem Winterkohl

Rehrücken:

Rehrücken über Nacht in Buttermilch einlegen. Abtropfen lassen, abwaschen und trocken tupfen. Mit Salz und Pfeffer würzen. Zwiebeln schälen und in Scheiben schneiden. Speck in Scheiben schneiden. Fleisch in die Fettpfanne setzen und mit Zwiebeln und Speckscheiben belegen. Ca. 15 Minuten bei 250 Grad Ober- und Unterhitze schmoren. Zwischendurch mit Wildfonds begießen. Zwiebeln und Speckscheiben entnehmen. Ofen auf Grill stellen und 5 Minuten bräunen. Anschließend das Fleisch in Alufolie einwickeln.

Wildfonds aus der Fettpfanne in einen Topf absieben, zusammen mit dem evtl. noch übrigen Wildfonds vermischen und mit fein gemahlenem Spekulatius 5 Minuten einkochen lassen.

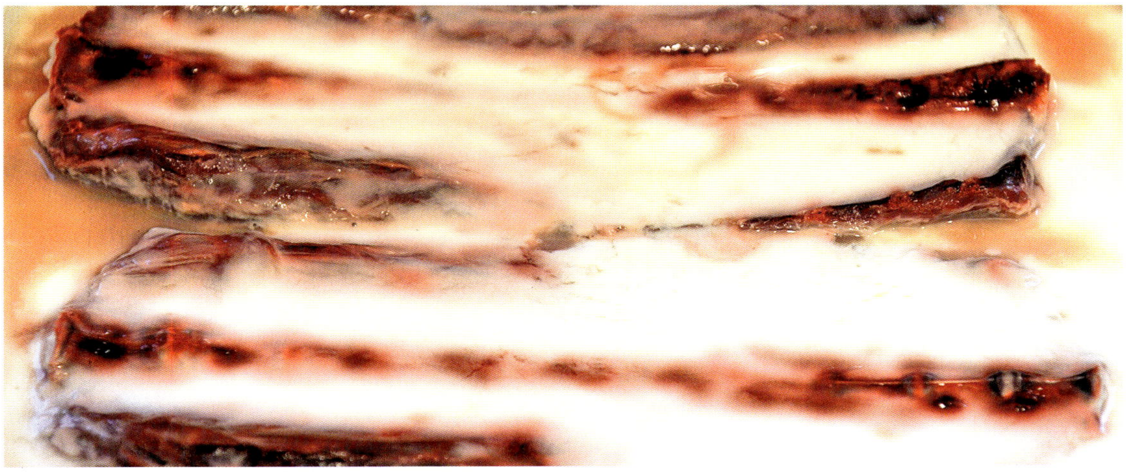

Rotkraut:

Rotkraut hobeln und mit Rotwein, Essig, Preiselbeeren, Zucker, Salz und Pfeffer gut durchkneten. Lorbeerblätter, Wacholderbeeren und Nelken dazugeben und über Nacht ziehen lassen.

Flüssigkeit abgießen und auffangen. 1 Zwiebel schälen, würfeln und zusammen mit dem Rotkohl in Gänseschmalz andünsten. Flüssigkeit und Brühe wieder dazugeben und 1½ Stunden schmoren. Mit Salz, Pfeffer, Zucker abschmecken.

Dazu passen Semmelknödel.

Für den Rehrücken:

2 Rehrücken
100 g Spekulatius
2 Liter Buttermilch
2 Zwiebeln
2 EL trockener Sherry
Salz, Pfeffer
Zucker
Fetter Speck
½ Liter Wildfonds

Für das Rotkraut:

Gänseschmalz
1 Rotkohl
1 Zwiebel
8 EL Weinessig
Gemüsebrühe
250 ml Rotwein
4 EL Preiselbeeren
2 Stangen Zimt
5 Lorbeerblätter
10 Wacholderbeeren
2 Gewürznelken
Salz, Pfeffer
Zucker

Born

Auf die Plätzchen – fertig – los!

Sabine Acht hatte die spontane Eingebung, mit Spekulatius die Sauce zu veredeln. **Lecker!**

Die Küchenprinzessin

SABINE AMMON IST HAUSWIRTSCHAFTSMEISTERIN UND LEITERIN EINES SENIORENHEIMS.

„Für unsere Bewohner ist das Essen das Highlight des Tages."

**Sabine Ammons E-Mail-Adresse lautet kuechenprinzessin@ – In Anbetracht ihres wundervollen Sonntagsgerichts „Kalbsbäckchen in Barolosauce" möchte man sich sofort um die Prinzenrolle bewerben!*

SABINE AMMON –

GRIESSBREI MIT KNOBLAUCH

*Der Faux pas der Küchenprinzessin**

So etwas ist Sabine Ammon bisher nur einmal passiert. Ausgerechnet am dritten Tag an ihrer neuen Arbeitsstelle sollte sie Grießbrei für 50 Diabetiker kochen und vertauschte dabei das Knoblauchöl mit dem flüssigen Süßstoff.

Höhepunkt des Tages

Das ist nun schon viele Jahre her und heute ist die engagierte Seniorenheimleiterin und Unternehmensberaterin so routiniert, dass sie immer zu den richtigen Zutaten greift. Das wird ihr auch in den Befragungen bestätigt, die man unter den 380 Bewohnern ihrer Seniorenresidenzen in Wallmerod (Westerwald) und Umgebung jährlich durchführt. „Das Essen ist für die alten Menschen das Highlight des Tages", erklärt Sabine Ammon. Ansporn genug, sich immer wieder etwas Besonderes auszudenken, was den Heim-Alltag bunter macht. Zum Beispiel „Restaurant im Haus", ein festlicher Abend mit wechselndem Motto, zu dem die Bewohner ihre Liebsten einladen dürfen.

Expertin für glücklich machendes Essen

Eine Heimleiterin, die gleichzeitig Hauswirtschaftsmeisterin, ausgezeichnete Köchin und bekennende Feinschmeckerin ist, hat viele Vorteile: ein eigener Metzger, frische Produkte aus der Region, keine in Plastik eingeschweißten Lebensmittel – und dafür abwechslungsreiche Rezepte mit viel Phantasie. Bei den älteren Herrschaften stehen jene Gerichte ganz oben auf der Beliebtheitsskala, die sie mit der „guten, alten Zeit" verbinden: Eintopf, Bohnengemüse, Kotelett oder Rippchen mit Kraut. Einen kulinarischen Generationenwechsel konnte Sabine Ammon aber auch schon feststellen: Am Anfang ihrer Laufbahn vor 23 Jahren wäre ein Toast Hawaii auf dem Tisch der Senioren noch komplett undenkbar gewesen. Das hat sich nun geändert – Grießbrei mit Knoblauch geht aber immer noch nicht.

*Abwechslung ist ein guter Küchenberater.
Es muss nicht immer Filet sein. Fragen Sie Ihren
Metzger doch mal nach Kalbsbäckchen.*

Geschmorte Kalbsbäckchen in Barolosauce

8 Kalbsbäckchen

3 EL Butterschmalz

500 g Röstgemüse (Möhren, Lauch, Zwiebeln, Sellerie, Petersilienwurzel etc.)

2 EL Tomatenmark

400 ml Barolo

1 L Kalbsfond

je ein Thymian- und Rosmarinzweig

je 1 TL Pfeffer- und Korianderkörner

etwas Sternanis und Piment

alter Balsamico

Die parierten Bäckchen im Bräter in Butterschmalz anbraten. Bäckchen herausnehmen und das geputzte und gewürfelte Röstgemüse anbraten. Tomatenmark dazugeben und schmoren. Nach und nach mit 300 ml Barolo ablöschen. Den Kalbsfond und die Gewürze dazugeben und etwas einkochen lassen. Die Kalbsbäckchen zurück in den Bräter geben und im Ofen zugedeckt bei 200 Grad eine Stunde schmoren lassen, bis das Fleisch gar ist.

In der Zwischenzeit 100 ml Barolo auf ein Drittel einkochen. Die Bäckchen warmstellen, den Schmorfond durch ein Sieb gießen und zu dem reduzierten Barolo geben. Je nach Konsistenz noch etwas einkochen und mit Balsamico abschmecken.

Dazu schmecken frische Bandnudeln oder Stampfkartoffeln mit Trüffelbutter und Salat.

Veli Ibrahimogullari ist Immobilienexperte. Auch in der Küche kann man sehr gut auf ihn bauen.

BEDRIYE UND VELI IBRAHIMOGULLARI –

DEM KÖNIG HAT'S GEFALLEN

Dem feinen Ali und Napoléon auch

„Dem König hat's gefallen" – das Rezept, das diesem Buch den Titel gegeben hat, hat Veli Ibrahimogullari zusammen mit seiner Frau Bedriye gekocht. Ein poetischer Name für ein äußerst schmackhaftes Gericht, das – so ist es überliefert – schon für den osmanischen Sultan im 15. Jahrhundert zubereitet wurde. „Feiner Ali" ist der Titel ihrer zweiten Lieblingsspeise, die Bedriye und Veli für uns kochen.

Immobilienexperte und Hobbykoch

Veli Ibrahimogullari stammt aus dem Osten der Türkei und kam im Alter vor 20 Jahren zum Studieren nach Deutschland. In Gießen belegte er das Fach Betriebswirtschaft, sattelte noch seinen MBA in „Real Estate" drauf und spezialisierte sich fortan auf Immobilienökonomie. Viele Jahre war er als leitende Führungskraft in der Bau- und Immobilienbranche deutschlandweit tätig; aktuell bereitet er eine Geschäftserweiterung vor, um in Zukunft deutsche Investoren zu Immobilieninvestitionen in der boomenden Türkei profund zu beraten.

Urbaner Traum-Raum

Seinem großen geschichtlichen und architektonischen Interesse ist es geschuldet, dass er sich nicht nur für die einzelne Immobilie interessiert, sondern immer auch für den städtischen Kulturraum darum herum. Seine Traumstadt ist eine Mischung aus der märchenhaften arabisch-türkischen Architektur und der fortschrittlichen römisch-antiken Bauweise mit Säulen, Brücken, Foren und Amphitheatern. Alle Menschen, Einkaufsparadiese, Genießermärkte, Synagogen, Kirchen und Moscheen finden in dieser Traumstadt ihren Platz – nur die Autos sollten möglichst draußen bleiben. Eine wunderbare Vision. Die ist zwar in seiner Lieblingsstadt Istanbul noch nicht ganz erfüllt – aber dennoch bleibt die Stadt am Bosporus für Veli Ibrahimogullari das Herz der Erde. „Sie strotzt vor Gefühl. Sie macht mich glücklich und wenige Sekunden später traurig, dann wieder heiter", sagt er und zitiert Napoléon: „Wenn die Welt ein Land wäre, dann wäre Istanbul die Hauptstadt."

Getränkeempfehlung

Ayran (türkisches gesalzenes, leicht säuerliches Joghurtgetränk) oder Sharbat (wasserverdünntes Getränk aus Früchten wie Ananas oder Rosenblättern)

„Wenn die Welt ein Land wäre,
dann wäre Istanbul die Hauptstadt.“

Napoléon Bonaparte

Poesie auf Tellern

Der feine Ali – Ali Nazik

(für 2 Personen)

250 g Kalbsfilet

2 Auberginen

500 g Joghurt (3,5 %)

1 Knoblauchzehe

2 Tomaten

50 g Butter

50 g Tomatenmark

Sonnenblumenöl

roter Pfeffer, Salz

Petersilie

Das Kalbsfilet in kleine Stücke zerteilen. Mit den klein gewürfelten Tomaten, dem Tomatenmark und etwas Knoblauch anbraten.

Die Auberginen grillen, anschließend häuten, zerkleinern und zerstampfen. Gewürze und gehackten Knoblauch hinzufügen und dann in einer Pfanne mit Butter kurz anbraten. Die Auberginenmasse nun auf den Tellern verteilen und mit Joghurt vermischen.

Dann das Fleisch mit der Tomatensauce darüber anrichten. Zum Schluss roten Pfeffer, zerlassene Butter und gehackte Petersilie dazugeben. Dazu passen gegrillte Tomaten und Chilischoten. Mit frischem Pide oder Baguette servieren.

300 g zartes Rindfleisch
2 EL Butter
2 Zwiebeln
2 Tomaten
3 mittelgroße Auberginen
100 ml Milch
1 EL Mehl
2 EL geriebener Gouda
Pflanzenöl
Petersilie
Salz, Pfeffer

Dem König hat's gefallen – Hünkar Begendi

Das Fleisch in kleine Würfel schneiden und in heißem Öl anbraten, dann die kleingewürfelten Zwiebeln hinzufügen und kurz mitbraten.

Die Tomaten in kleine Stücke schneiden und nach 4 bis 5 Minuten zum Fleisch geben, salzen und pfeffern. Zum Schluss eine halbe Tasse Wasser angießen und alles bei schwacher Hitze köcheln lassen.

Die Auberginen waschen, trocknen, etwas einschneiden, auf ein Backblech legen und bei starker Hitze auf der obersten Schiene des Backofens von allen Seiten anbraten. Dabei darf die Schale ruhig ankohlen, weil sie ohnehin entfernt wird. Wichtig ist nur, dass die Auberginen vollständig gar werden. Sobald sie sich mit dem Löffel leicht eindrücken lassen, sind sie fertig. Dann nimmt man sie heraus, lässt sie kurz abkühlen und entfernt die Schale sorgfältig, da sie sehr bitter ist.

Die geschälten Auberginen in Würfel teilen.

In einem neuen Topf die Butter zum Schmelzen bringen, Mehl hineingeben und vorsichtig auf mittlerer Hitze etwas anbraten. Die Auberginen hinzufügen und alles schön verrühren. Danach die Milch angießen, salzen und ein paar Minuten unter Rühren köcheln lassen. Zum Schluss den Gouda zugeben und alles verrühren.

Beim Servieren zuerst das Auberginenpüree auf dem Teller verteilen, dann das Fleisch mit etwas Sauce darübergeben. Mit Petersilienblättern garnieren.

Frisch aus Sardinien eingeflogen. Marco hatte typisch sardische Zutaten wie Bottarga und Fregola im Gepäck. Auch seinen Freund, den Weinhändler Volker Budde, konnte er für Sardinien und die guten Weine der Insel begeistern.

MARCO PUSCEDDU UND VOLKER BUDDE –
FEINE WEINE

… sind das verbindende Element zwischen den Freunden und Geschäftspartnern Volker Budde, dem Mitinhaber einer Koblenzer Wein-Fachagentur, und Marco Pusceddu, dem Önologen. Marco ist hier geboren, sein Vater – ein Sarde – betreibt mit seiner Frau seit Jahrzehnten ein italienisches Restaurant in Koblenz. Volker brachte der Beruf von Norddeutschland ans Deutsche Eck. Seine früheren Erfahrungen als Vermarkter von Onlinewerbeplätzen kann Betriebswirt Budde heute natürlich auch in der Agentur Gebr. Lambert, die er zusammen mit seiner Frau betreibt, gut gebrauchen.

Wein bringt Menschen zusammen

„Verkauf ist immer das Zusammenbringen von Angebot und Nachfrage auf intelligente Weise. Wie schön, dass man im Weinbereich auch immer Menschen zusammenführt, außerdem automatisch gutes Essen, Geschmackserlebnisse und interessante Gespräche vermittelt", meint Volker.

Kulturgut Wein

Marco pflichtet ihm bei. „Wein ist ein Kulturgut. Gerade in Italien sind so viele Schätze zu entdecken. Keine glattgebügelten ‚everybody's darlings', sondern stattdessen charaktervolle, autochthone Rebsorten oder ungefilterte Naturweine wie z. B. meine Neuentdeckung aus den Cinque Terre."

Entdecke Deine Weine

In Marcos Weinbar „Gavino" in Koblenz gibt es viel zu probieren, getreu dem Gavino-Motto „Entdecke deine Weine". Auf einen Lieblingswein können sich beide nicht festlegen. Zu viele wunderbare Rebsorten gebe es – und so viele verschiedene Anlässe im Leben, zu denen man jeweils einen anderen Wein als passend empfinde. Marco hat fast drei Jahre ein Weingut im Piemont geleitet, woher seine Schwäche für Nebbiolo, Barbera & Co. rührt – ins Schwärmen gerät er aber vor allem bei sardischen Weinen wie Vermentino, Cannonau oder Nuragus, die für ihn nach „Heimat" schmecken. Ebenso wie das Lammgericht aus dem Rezeptbuch seiner Tante oder wie „fregola", die typisch sardische, graupenförmige Pasta.

Man nehme: Un pò!

Volker und Marco beraten und diskutieren gerne, welche Weine besonders gut zum Essen passen. Zusammen zu kochen ist da schon etwas schwieriger. Volker ist eher der preußisch-präzise Abwieger, Marco reicht „un pò" oder „tanto" als Mengenangabe. Beim Wein fließen die Vorlieben dann wieder zusammen. Salute!

Volkers Weinempfehlungen finden Sie übrigens auf www.ute-wengenroth.de

Sardinien ist das Paradies für Schafe. Über 5 Millionen Schafe und 30.000 Hirten leben auf der Mittelmeerinsel.

PECORINO. **VERNACCIA DI ORISTANO.** PANE CARASAU. **PORCHEDDU.** CULURGIONIS. **SEBADAS.** BOTTARGA. **CANNONAU.** MONICA DI SARDEGNA. **MIRTO.**

** Sardisches Lamm nach dem Rezept von Marcos Tante Pina*

Agnello alla Pina*

1,5 kg Lammcarré am Stück

3–5 Pomodori secchi (in Olivenöl eingelegte, getrocknete Tomaten)

3 Knoblauchzehen

Salz, Pfeffer

Olivenöl

frischer Rosmarin

Getrocknete Tomatenstreifen, gehackten Knoblauch, Salz, Pfeffer, Olivenöl und gehackte Rosmarinnadeln in einer Schüssel verrühren.

Pfanne hoch erhitzen. Lammcarrés zerteilen. Ohne Fett scharf von beiden Seiten anbraten (damit die Aromen erhalten bleiben). Mit etwas Olivenöl, Salz und Pfeffer würzen. Fleisch auf vorgewärmten Tellern anrichten und zusammen mit den Tomatenstreifen servieren.

EIN SARDISCHES KOCHBUCH. DIE BESTEN REZEPTE JEDOCH GEBEN DIE FRAUEN DER INSEL MÜNDLICH AN IHRE TÖCHTER UND NICHTEN WEITER. **GRAZIE MAMMA, GRAZIE ZIA …**

Sardische Fregola mit Vongole

500 g Fregola (kleine sardische Nudeln, alternativ: Spaghetti)

Knochen-, Fleisch- oder Fischfonds

3 Knoblauchzehen

ca. 2 kg Vongole (Venusmuscheln)

1 Bund Petersilie

40 g Bottarga (getrocknete Fischeier, falls vorhanden)

Salz, Pfeffer

Peperoncino

Weißwein (möglichst sardischer Vermentino)

Fregola in ca. 300 ml Fonds kochen. Etwa 6 Minuten quellen lassen. Wasser hinzugeben (ca. 500 ml), so dass am Schluss kein Wasser abgeschüttet werden muss. Zur Seite stellen.

Muscheln in ein Sieb geben und gut durchspülen. Muscheln in die heiße Pfanne geben, warten, bis sie sich öffnen, und dabei leicht rühren. 1 Schuss Olivenöl und ca. 200 ml Weißwein zu den Muscheln geben (… auch der Koch selbst sollte zwischendurch immer mal ein Glas Wein trinken …). Mit gehacktem Knoblauch, gehackter Petersilie, Salz, Pfeffer und Peperoncino würzen. Hitze reduzieren und ca. 15–20 Minuten bei mittlerer Hitze leicht köcheln. Fregola und Bottarga unterheben, kurz erhitzen, nochmals nach Lust und Geschmack Weißwein und Olivenöl zufügen, abschmecken und heiß servieren.

HEIMISCHES WILD
AUF EXOTISCHE ART.

Dieter Krämer ist Jäger. Seine Frau Renate hat **1001 Ideen für die Zubereitung des Wilds.**

Weltküche!
WO GLOBETROTTER **ZU HAUSE SIND.**

Von ihren Reisen bringen Renate und Dieter regelmäßig Rezepte als Souvenirs mit.

RENATE UND DIETER KRÄMER

NEW YORK ODER NETZBACH? HAUPTSACHE ITALIEN.

Genießende Globetrotter mit fester Basis

Renate Krämer streift häufig durch die schöne Landschaft rund um ihren Wohnort Netzbach zwischen Wiesbaden und Limburg, gerne auch mit den Walkingstöcken. An zwei Abenden der Woche singt sie in den Chören des Örtchens. Gar nicht mehr zu glauben, dass ihr Start ins Dorfleben sehr unglücklich ausfiel. Stadtkind Renate Krämer war viele Jahrzehnte als PR-Referentin für die edelsten Mode- und Parfumhersteller auf der ganzen Welt unterwegs.

„Nicht in dieses Kaff!“

Während einer ihrer zahlreichen beruflichen Trips zu den tollsten Foto-Locations der Welt bekam ihr Mann Dieter eine – wie er fand – äußerst attraktive Offerte, die er nicht ausschlagen konnte: einen Bauplatz in Netzbach. Leider gelang es Dieter nicht sofort, seiner Frau diese Überraschung schmackhaft zu machen. „Ich lasse mich scheiden, in dieses Kaff ziehe ich nicht.“ Mittlerweile fühlt sich – die nach wie vor glücklich verheiratete – Renate ausgesprochen wohl und könnte sich zusammen mit ihrem Mann gar keine bessere Basis vorstellen, von der aus man in die Welt ziehen kann. In aller Herren Länder waren die beiden schon unterwegs. Alle Plätze, die Renate nicht schon während ihrer Berufstätigkeit bereist hat, stehen jetzt im Ruhestand auf der privaten Reise-Agenda. Orient-Express, ein Eishotel in Schweden, Venedig, China, Singapur, Neuseeland – und immer wieder die Vereinigten Staaten. Renate ist neugierig auf die einheimischen Menschen und Rezepte. Das hier vorgestellte Avocado-Carpaccio-Rezept hat sie in Südfrankreich beim Koch erfragt. Auch auf der kleinen Malediven-Insel hat sie das Hotelpersonal gebeten, ihr das Geheimnis des Fisch-Currys zu verraten. „Kein Problem“, war die Antwort, „kommen Sie morgen früh in die Küche“ – und Renate kochte daraufhin mit der Brigade für alle 70 Inselgäste das leckere Fischgericht.

Oben auf in Down under

Ohne Scheu bewegen sich Renate und Dieter Krämer auf den Basaren und in den Strandbars überall auf der Welt. Dabei haben sie auch schon Heuschrecken und Käfer gegessen, wie bei den australischen Aborigines am Lagerfeuer. Regelmäßig bringen sie dann neben Kochanleitungen auch Gewürze und Zutaten aus den Urlaubsländern mit. So wie das Ananas-Chutney zum Wildfleisch, das der Hobbyjäger Dieter selbst rund um Netzbach erlegt hat.

Glücklich in Netzbach

Nach all den bewegten Reisen auf der Harley, mit dem Wohnmobil oder im Flugzeug ist das neueste Reiseprojekt ein bisschen stetiger: Gerade renoviert das aktive Paar das Haus des Schwiegervaters an der ligurischen Küste mit einer Terrasse über dem Meer. Und sicher werden die beiden immer ligurisches Olivenöl und Pesto Genovese mit zurück nach Hause nehmen und damit ihre Nachbarn beglücken. Netzbach ist eben auch schön!

Mozzarella mit Mangoscheiben und Chili

2 Mozzarella à 200 g (möglichst Büffelmozzarella)

1 reife Mango

1 rote Chilischote

1 Orange

3 EL neutrales Öl (z. B. Bio-Sonnenblumenöl)

Meersalz

Pfeffer aus der Mühle

1 Bund Kerbel oder Koriandergrün (wer den Geschmack mag)

Mozzarella und Mango in dünne Scheiben schneiden und abwechselnd auf einen Teller oder eine Platte legen. Chili von den Kernen befreien, fein schneiden, mit dem Saft einer Orange und dem Öl vermischen. Mit Salz und Pfeffer abschmecken und über die Mozzarella-Mango-Scheiben gießen.

Den Kerbel (oder Koriander) fein hacken und damit das Gericht verzieren.

Carpaccio von Avocados und Champignons

500 g Tomaten

2 Bund Dill

1 Bund Schnittlauch

3 TL kleine Kapern (wenn man möchte)

4 EL Weißweinessig

6 EL Öl

1 EL Walnussöl

Salz, weißer Pfeffer aus der Mühle

1 Prise Zucker

250 g große, feste Champignons

4 Avocados à 200 g (reif, aber nicht matschig)

Vier große flache Teller im Kühlschrank vorkühlen. Tomaten über Kreuz einritzen, kurz in kochendes Wasser tauchen, abschrecken, pellen und die Stielansätze keilförmig herausschneiden. Die Tomaten vierteln, die Kerne herausschaben und das Fruchtfleisch in kleine Würfel schneiden.

Für die Salatsauce Dill von den Stielen zupfen und nicht zu fein hacken. Schnittlauch in feine Röllchen schneiden. Kapern in einem Sieb abspülen. Essig und Öl mit dem Schneebesen verquirlen, mit Salz, Pfeffer und dem Zucker würzen. Tomaten, Kapern und die halbe Menge der Kräuter in die Sauce rühren.

Pilze putzen, wenn nötig mit einem Küchentuch abwischen, in sehr dünne Scheiben schneiden. Avocados schälen, längs halbieren und die Steine herauslösen. Die Avocadohälften mit der Schnittfläche auf die Arbeitsfläche legen und der Länge nach in dünne Scheiben schneiden.

Avocado- und Champignonscheiben fächerförmig und flach auf den vorgekühlten Tellern anrichten. Vor dem Servieren die Salatsauce darübergießen und die restlichen Kräuter darauf verteilen.

2 Baby-Ananas
4–6 Thymianzweige
3–4 Schalotten
2 EL Butterschmalz
1 EL Currypulver
Weißwein
400 g Rehfleisch
3 Eigelb
Salz, Pfeffer
4 Zitronengrasstängel
Semmelbrösel
Butterschmalz

Rehfleisch-Pflanzerl mit Ananas-Chutney

Den Backofen auf 140 Grad vorheizen (Ober- und Unterhitze).

Für das Chutney die Ananas halbieren, den harten Strunk herausschneiden und die Schale entfernen. Das Fruchtfleisch in Würfel schneiden. Den Thymian waschen und trockenschütteln und die Blättchen vom Stiel zupfen. Die Schalotten schälen und halbieren. Eine Hälfte in Würfel, die andere in Scheiben schneiden. Die Schalottenwürfel im Butterschmalz andünsten. Ananaswürfel, Currypulver (Menge nach Geschmack), Thymianblättchen und -stängel sowie Weißwein dazugeben und zugedeckt bei mittlerer Hitze so lange köcheln, bis die Masse die typische leicht verkochte Chutney-Konsistenz hat. Am Schluss die Thymianstängel entfernen.

Rehfleisch, wenn nötig waschen, trockentupfen und im Mixer zu grobem Brät pürieren. Die Schalottenscheiben und die Eigelbe hinzugeben und kurz durchmixen. Das Brät mit Salz und Pfeffer kräftig würzen. (Ich verwende den Fleischwolf meiner Küchenmaschine (grobe Scheibe) und lasse gleich die Schalottenscheiben mit durchlaufen. Anschließend verrühre ich das Brät mit den Eigelben in einer Schüssel.)

Das Zitronengras waschen, trockentupfen und halbieren. Aus dem Reh-Brät längliche Fleischpflanzerl formen und um die Stängelhälften drücken. Das Brät in Semmelbröseln wälzen und im Butterschmalz rundum anbraten. Die Fleischpflanzerl auf ein mit Backpapier ausgelegtes Backblech legen und im Ofen fertig garen. Das dauert je nach Stärke der Fleischpflanzerl ca. 5 bis 10 Minuten.

Das Chutney in ein Gläschen geben, je ein Fleischpflanzerl mit dem Zitronengras darauflegen und das Ganze auf einem mit Ananas- oder Bananenblättern dekorierten Teller anrichten.

Panna cotta

4 Blatt weiße Gelatine
1 Vanilleschote
200 ml Milch
400 g Sahne
50 g Zucker

Die Gelatine in kaltem Wasser einweichen. Die Vanilleschote längs aufschneiden. Die Milch mit der Hälfte der Sahne, der Vanilleschote und dem Zucker in einem Topf aufkochen und kurz köcheln lassen. Die Vanillesahne durch ein Sieb in eine Schüssel geben.

Die Gelatine gut ausdrücken, unter Rühren in der heißen Vanillesahne auflösen und abkühlen lassen, bis die Masse zu gelieren beginnt.

Die restliche Sahne halb steif schlagen und unter die gelierende Creme heben. Die Panna cotta in Portionsförmchen (à 120 ml Inhalt) füllen und zugedeckt mindestens 2 Stunden im Kühlschrank fest werden lassen. Dazu passt Himbeer- oder Erdbeermark. Ich persönlich gebe keinen oder nur sehr wenig Zucker zum Himbeer- bzw. Erdbeermark (hängt von der Reife der Früchte ab). Aber das ist Geschmacksache, auch Zitronensaft kann je nach Bedarf noch zugegeben werden.

Die Creme lässt sich einfach stürzen, wenn die Förmchen vorher in heißes Wasser getaucht werden. Dafür in einem kleinen Topf Wasser zum Sieden bringen, die Förmchen bis knapp unter den Rand eintauchen (Porzellanförmchen ca. 8 Sekunden), Förmchen aus Metall nur ganz kurz) und die Creme auf Dessertteller stürzen.

Ahoi!

SEHNSUCHT NACH **DEM MEER ...**

Mit dem Graved Lachs und den Kartoffelplätzchen ist Land in Sicht
für Nordlichter auf dem Trockendock.

KAREN KRETSCHMER –

PROFESSIONELLE KOCHTHERAPIE

Brotbacken und Nudelmachen als psychologische Geheimwaffen

Karen Kretschmer fühlt sich an vielen Orten des Erdballs wohl, Hauptsache er liegt am Wasser. In Limburg hat sie zusammen mit ihrem Mann John ein Zuhause direkt an der Lahn gefunden. Die beiden fühlen sich im Element Wasser am wohlsten und genießen die knappe Zeit, die sie auf ihrem Boot verbringen können. Für kurze Entspannungspausen dient der Strandkorb, der den Balkon der beiden Ostsee-Fans schmückt. Dort haben sie auch den Graved Lachs mit süßer Senf-Dill-Sauce serviert.

Wenn Karen Kretschmer das Fernweh nach der Ostsee packt, zieht sie sich in ihren Strandkorb auf dem Limburger Balkon zurück. Mit ganz viel Glück schickt die Lahn eine frische Brise hinauf.

Von der Küche …

„Gutes Essen ist aber keine Frage der Sitzgelegenheit, sondern des Geschmacks", meint Karen, die für ihr Leben gerne kocht und dazu Küchenutensilien und Geräte benutzt, die jeden Profikoch gelb vor Neid werden lassen. Im Steinbackofen backt sie bei 320 Grad Brot und Kleingebäck und später brutzelt in der Restwärme noch ein Lämmchen zu zartestem Bratenfleisch heran. In der elektrischen Nudelmaschine entstehen jede Woche die leckersten Spaghetti und Pappardelle.

… in die Praxis

Wenn Karen Kretschmer von einem Küchengerät besonders überzeugt ist, wie im Fall einer speziellen Multifunktions-Küchenmaschine, wird sie sogar seine Botschafterin und vertreibt es nebenberuflich an andere Hobbyköche. Hauptberuflich ist Karen Kretschmer Kinder- und Jugendlichentherapeutin und behandelt Schulschwierigkeiten. Sie zeigt den Kindern, die unter Prüfungsangst oder Rechen- bzw. Rechtschreibschwächen leiden, hilfreiche Lernmethoden und auch vielfältige Entspannungstechniken auf.

… und zurück

Aus eigener Erfahrung kann sie das Kochen als Beruhigung empfehlen, da das Hantieren mit Messern, das Gemüseschneiden und Zutatenwiegen den Koch ganz sanft zwingen, im Hier und Jetzt zu sein. Noch ein schnelles „Ahoi" aus der Kombüse – dann muss die „rührige" Karen schon wieder zu neuen kulinarischen Ufern aufbrechen – vielleicht wird ja auch schon bald ihr Traum wahr, in der Volkshochschule Kochkurse für Kinder anzubieten …?

Graved Lachs mit Kartoffelplätzchen

Für den Lachs:

1 kg Lachs

2 Bund Dill

2 EL grobes Meersalz

1 TL weiße Pfefferkörner

2 Pimentkörner

Zucker

Den Lachs (ich nehme immer das Schwanzstück – hat das zarteste Fleisch) von der Mittelgräte schneiden, so dass zwei Filets entstehen. Haut auf jeden Fall dranlassen! Mit einer Pinzette alle Fischgräten, die man ertasten kann, herausziehen.

Dill waschen, Stängel abschneiden und aufbewahren. Dillspitzen grob hacken. Die Hälfte davon in einen großen Gefrierbeutel und darauf ein Lachsfilet mit der Hautseite auf den Dill legen. Mit den Dillstängeln belegen.

Im Mixer nun das Meersalz, die weißen Pfefferkörner, die Pimentkörner (wichtig!) und 2 TL Zucker 15 Sekunden auf höchster Stufe zerkleinern.

Die Gewürzmischung auf dem Lachs verteilen, das zweite Fischfilet mit der Haut nach oben darauflegen, darüber wieder den restlichen Dill streuen. Den Gefrierbeutel fest verschließen.

Den Beutel in eine flache Schale geben, auf den Fisch ein Brett in der Größe des Fisches legen und mit Konservendosen beschweren. Im Kühlschrank 3 Tage aufbewahren. Alle 12 Stunden den Lachs drehen, damit sich die entstehende Fischlake immer wieder verteilt und den Fisch beizt.

Zum Servieren den Lachs aus dem Beutel nehmen, alle Gewürze und Kräuter vorsichtig entfernen und mit einem Lachs- oder Schinkenmesser in Scheiben schneiden.

Für die Kartoffelplätzchen die geschälten und gewaschenen Kartoffeln in eine Schüssel reiben und stehen lassen. Nach einiger Zeit das Kartoffelwasser mit einem Löffel vorsichtig abschöpfen. Nun die Speisestärke, das Ei, Salz und Pfeffer zufügen und alles gut vermengen.

Auf einem mit Backpapier ausgelegten Backblech einen Metallring mit 10 cm Durchmesser setzen und den Kartoffelteig hineinstreichen. Den Ring vorsichtig abheben und auf diese Weise noch weitere Plätzchen formen. (Die Kartoffelmasse reicht für etwa 12 Plätzchen.)

Im vorgeheizten Backofen (Ober- und Unterhitze) bei 220 Grad 30 bis 40 Minuten backen, bis die Plätzchen schön goldbraun sind.

Für die Kartoffelplätzchen:

800 g Kartoffeln

20 g Speisestärke

1 Ei

2 TL Salz

weißer Pfeffer (frisch gemahlen)

Für die Senfsauce:

½ Bund Dill (nur die Spitzen)

3 EL Senf

3 EL Zucker

3 EL einfachen Tafelessig

½ TL Salz

weißer Pfeffer (frisch gemahlen)

12 El Pflanzenöl

Für die dazu passende Senfsauce gibt man den Dill, Senf, Zucker und Essig mit 1 TL Wasser in den Mixer und rührt alles etwa 15 Sekunden lang sämig. Danach etwa 2 Minuten auf höchste Stufe stellen und dabei das Öl einlaufen lassen, bis eine cremige Sauce entstanden ist.

Korianderbrot

Am Vortag:

25 g Sauerteig,

125 g Roggenmehl

125 g Wasser

Am Backtag:

1 EL Koriander

150 g Dinkelmehl

150 g Roggenmehl

350 g Weizenvollkornmehl

1 EL Salz

1 TL Schabzigerklee

2 TL Backmalz oder Caro-Kaffee

10 g Hefe

250 g Sauerteig

330 ml Wasser

Zutaten für den Vorteig in einer Schüssel verrühren, mit einem Leinentuch abdecken und 12 bis 16 Stunden bei Zimmertemperatur gehen lassen.

Am Backtag den Koriander mahlen und mit allen Zutaten zu einem Teig verarbeiten, dabei den Teig lange kneten.

Ein Sieb mit einem Küchenleinen auslegen, bemehlen. Den Teig rund schleifen und mit der Nahtstelle nach oben ins Sieb legen, mit den Tuchzipfeln bedecken. Bei Zimmertemperatur 6 Stunden gehen lassen.

Backofen auf 250 Grad Ober-/Unterhitze vorheizen. Den Teig auf einen gefetteten Backstein stürzen, mit etwas Wasser besprühen und mit Korianderkörnern bestreuen, diese leicht auf dem Laib festdrücken. Auf einem Rost auf der untersten Ebene in den heißen Ofen einschieben und 25 Minuten backen, dann den Ofen ausstellen und noch eineinhalb bis zwei Stunden im geschlossenen Ofen nachziehen lassen.

Wer das Brot auf einem Backblech backt, dieses auf der mittleren Stufe einschieben.

Den restlichen Sauerteig wie gewohnt in ein Gefäß füllen und für den nächsten Backtag im Kühlschrank aufbewahren.

4 Stück Lachsfilet mit Haut à ca. 200 g

2 Zitronen

gemischte Gartenkräuter (z. B. Thymian, Rosmarin, Majoran, Petersilie)

Salz, Pfeffer

Olivenöl

Lachs mit Kräuterkruste

Lachs auf der Hautseite in Olivenöl kross anbraten. Aus der Pfanne nehmen und die Haut vorsichtig abziehen. Haut und Kräuter fein hacken, in Olivenöl braten und zur Seite stellen. Fisch von beiden Seiten kurz anbraten, dann mit Salz, Pfeffer und Zitronensaft würzen. Kräutermasse auf den Lachs geben und sofort servieren.

Dazu passen Salzkartoffeln, Gemüse oder Salat.

4 doppelte Matjesfilets

1 Frühlingszwiebel

1 Gemüsezwiebel

etwas Rucola

3 TL mittelscharfer Senf

1 TL grobkörniger Senf

200 g saure Sahne

Salz, Pfeffer

1 Schuss Zitronensaft

½ TL Honig

1 Schuss Sherry

„Sherry-Harry“

Die Frühlingszwiebel in feine Streifen schneiden und mit den übrigen Saucen-Zutaten gut verrühren. Die Sauce auf eine Platte geben und die Matjesfilets darauf verteilen. Mit Ringen von der Gemüsezwiebel und dem Rucola garnieren. Dazu kleine Pellkartoffeln reichen.

Dorschfilet im Lauchmantel

- 500 g Dorschfilet
- 2 Stangen Lauch
- Salz, Pfeffer
- Muskat
- 100 ml Sahne
- 1 Zitrone
- Wildreis
- Gemüsebrühe
- 1 Zwiebel
- 1 EL Butter

Fisch abwaschen, trocken tupfen, von Gräten befreien und mit Zitronensaft beträufeln. Wurzelansatz vom Lauch entfernen, Lauchstange längs einschneiden und 4 schöne äußere Blätter abnehmen. Blätter abwaschen und kurz blanchieren. Restlichen Lauch putzen und in schräge Scheiben schneiden. Zwiebel schälen und fein hacken. Fischfilet in die blanchierten Lauchblätter einwickeln und mit einer Rouladennadel fixieren. Im Dampfgarer 15 bis 20 Minuten garen. Gewürfelte Zwiebeln in Butter glasig dünsten. Lauch dazugeben und mitdünsten.

Mit Salz, Pfeffer, frisch geriebenem Muskat und Gemüsebrühe würzen und die Sahne dazugeben. Lauch bissfest garen.

Dazu passt Wildreis.

Feste sind kleine Alltagsfluchten, für die sich Michael Ricciardi immer wieder etwas Besonderes ausdenkt.

MICHAEL RICCIARDI –

MANEGE FREI FÜR SCHÖNE FESTE!

Was Catering-Betriebe mit dem Zirkus gemein haben

Oft fühlt sich Michael Ricciardi, Inhaber des Limburger Catering-Betriebs Little Kitchen, wie ein Zirkusdirektor. Wie bei den Artisten im Zirkus muss auch bei den Partyprofis jeder Handgriff eingeübt sein. Weder beim Seiltanz noch beim Buffet darf es daneben gehen. Und am Ende zählt der runde Gesamtauftritt, für den es den Schluss-Applaus gibt.

Little Kitchen – ganz groß

Michael Ricciardi ist ein Perfektionist, das weiß sein Team. Er freut sich auf jede einzelne Veranstaltung – unabhängig davon, ob es ein kleines privates Buffet für 20 Kommuniongäste ist oder die VIP-Hospitality eines deutschen Luxusautoherstellers mit vielen Tausend geladenen Gästen. Michael zieht seine berufliche Befriedigung einzig und allein aus dem Lob der Kunden. Er erfragt und erspürt, welche Art von Fest dem Gastgeber vorschwebt. Aus diesen Informationen erstellt Michael dann einen individuellen Vorschlag, der dem jeweiligen Kunden sein persönliches Mega-Ereignis beschert. In der schicken eigenen Location von Little Kitchen in Limburg oder an allen Orten der Welt. Nicht selten setzen seine Stammkunden weltweit auf ihren Lieblingsverköstiger.

Geschmack der Erinnerung

Gerade erst kommt Michael von einer Messe in Barcelona zurück, bei der er das Stand-Catering übernommen hat. Mit welcher Speise kann man diesem Mann überhaupt noch eine Freude machen, wo er doch im Laufe seiner Berufsjahre schon alles gesehen, erlebt und verkostet hat? „Ich habe kein Lieblingsgericht. Die Fischsuppe in Korsika ist mir doch deshalb so wunderbar in Erinnerung, weil ich sie in netter Gesellschaft, mit Blick aufs Meer und nach einem glücklichen Tag auf dem Schiff genossen habe. Das Gesamtpaket muss stimmen.“
So wie bei allen Feiern, die Michael ausrichtet, und so, wie er es als kleiner Junge in den siebziger Jahren bei privaten Partys kennen gelernt hat. Es gab noch kein professionelles Catering und die Menschen haben selbst Partygags erfunden, um die Feier zu einer besonderen Alltagsflucht zu machen.

Goldene Partyzeit

Aus dieser goldenen Party-Zeit stammt Michaels Camembert-Torte, die damals gerne neben dem Käse-Pilz und dem Hackfleischigel gereicht wurde. Das Leben ist ein Fest – mit Michael Ricciardi ist die Party-Manege frei für unvergessliche Events.

Allez-hop!

Atelierbesuch **der besonderen Art.**

Michael Ricciardi ist Catering-Profi. Ganz spontan zauberte er in Utes Atelier seine pikante Käsetorte.

Die kunstvolle Käsetorte...

1 Tortenbrie (Kräuter, Pfeffer oder Natur), ca. 20 cm Durchmesser
500 g Frischkäse
1 rote Paprika
je 1 Bund Schnittlauch und Petersilie
200 g Edamer
ca. 80 g rote Johannisbeeren
6 Frühlingszwiebeln
Pfeffer, Salz, Paprikapulver
getrocknetes Feigenfrüchtebrot
Nüsse

Pikante Käsetorte

Den Brie horizontal in drei Böden schneiden. 250 g Frischkäse mit feingewürfeltem Paprika, Schnittlauchröllchen, Pfeffer, Salz und Paprikapulver würzen. Edamer fein reiben und unter die Masse heben. Die Hälfte der Masse ca. 2 cm dick auf die untere Lage des Bries streichen. Petersilie feinhacken und darüber verteilen. Die zweite Brie-Scheibe darauf setzen. Die übrige Frischkäsemasse aufheben.

250 g Frischkäse mit Schnittlauch, Salz, Pfeffer und den Johannisbeeren vermischen, Frühlingszwiebeln putzen, in feine Ringe schneiden und unter den Frischkäse heben. Masse auf die zweite Brie-Lage geben und mit der dritten Käseplatte abdecken.

Den Rest der ersten Frischkäsemasse auf der Käsetorte verstreichen, mit Johannisbeeren, zerkleinertem Feigenfrüchtebrot oder karamelisierten Nüssen garnieren.

Wie gemalt!

Der Limburger Statiker und die Bankerin aus Zürich sind wundervolle Gastgeber.

BETTINA BENZONI-RUFFERT UND GEORG RUFFERT –

EIN HAUCH ZÜRICH-SEE AN DER LAHN

Tragfähiges deutsch-schweizerisches Abkommen

Georg Ruffert kennt sich mit Tragfähigkeitsberechnungen wirklich aus, er betreibt ein großes, bundesweit tätiges Ingenieurbüro für Tragwerksplanung. Wie solide die Investments gebaut sind, mit denen seine Ehefrau Bettina Benzoni-Ruffert bei einer internationalen Bank zu tun hat, vermag er nicht zu sagen.

Zugkraft

Fest steht aber, dass Georg eine solche Zugkraft auf Bettina ausgeübt hat, dass sie ihre Heimatstadt Zürich ihrem Mann zuliebe gegen das Kleinstädtchen Limburg eingetauscht hat. Anfangs vermisste Bettina den urbanen Zürisee-Wind, mittlerweile aber schätzt sie die kurzen Wege und die Überschaubarkeit von Limburg. „Man kennt sich und trifft sich immer wieder auf den Limburger Plätzen", schwärmt die viersprachige diplomierte Betriebswirtin. Stadtluft schnuppert sie ja täglich auf der Arbeit im Skyscraper der Bank in Frankfurt oder bei den häufigen Dienstreisen nach London, Paris und Brüssel.

Kartoffeleinsatz

Wie lässt es sich kulinarisch in Deutschland leben? Auch in Hinblick aufs Essen ist die Schweizerin mit ihrer neuen Heimat sehr zufrieden, auch wenn sie nach wie vor lieber zu gereiftem Schweizer Käse greift und sich einen sparsameren Kartoffeleinsatz auf deutschen Tellern wünschen würde. Hier sprechen ihre halb-italienischen Wurzeln und die Vorliebe für *Spaghetti al pomodoro* aus ihr.

Ingenieurskunst

Zuhause wird sie oft mit echten kulinarischen Kunstwerken überrascht. Georg scheut keine Mühe und zaubert mit bewundernswerter Geduld und Perfektion lukullische Meisterwerke auf den Tisch, begleitet vom passenden Wein. Akkurat angerichtet mit Liebe zum Detail und immer mit dem optisch ansprechenden Gesamtkunstwerk vor Auge. Wie man es wohl von einem deutschen Bau-Ingenieur erwarten darf.

RÖSTI MEETS SALZKARTOFFEL.
EMMENTALER TRIFFT AUF HANDKÄS'

Grüezi, Limburg!

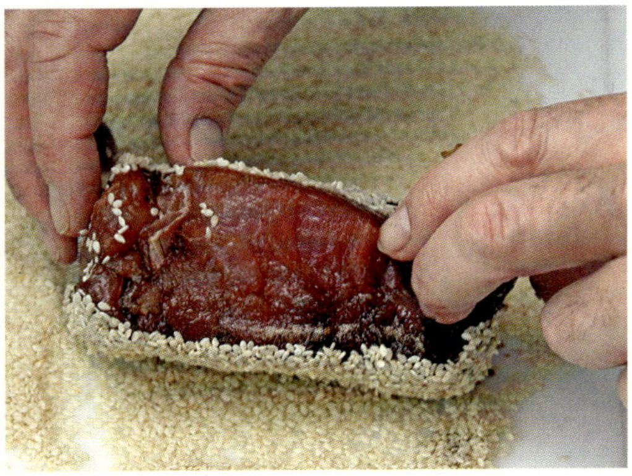

Bonitofilet im Sesammantel

Für den Fisch:

400 g Bonitofilet (junger Thunfisch)

4 EL geschälte Sesamkörner

Maiskeimöl

Sesamöl

3 EL Sojasauce

Koriandergrün

weißer Pfeffer

Meersalz

Das Bonitofilet in 4–5 cm dicke, längliche Scheiben schneiden und mit der Sojasauce, dem Koriandergrün und frisch gemahlenem Pfeffer marinieren, d. h. für ca. 80 Minuten zugedeckt ziehen lassen. Filets trockentupfen, mit Meersalz würzen und in Sesam wälzen. Etwas Maiskeim- und Sesamöl in einer Pfanne erhitzen und die Filets auf allen Seiten kurz und heiß anbraten. Danach in den auf 65–70 Grad vorgeheizten Backofen schieben und ca. 10 Minuten garen lassen. Das Filet sollte immer noch glasig, saftig und nur leicht warm sein.

Für die Sauce drei Zitronengrashalme hacken, den Ingwer grob zerschneiden, die Chilischote halbieren und entkernen, die Äpfel in grobe Würfel schneiden. Alles mit den Fruchtsäften, einem halben Liter Wasser und dem Zitronensaft aufkochen und auf kleiner Stufe für ca. 2 Stunden köcheln lassen.

Danach die Flüssigkeit durch ein Sieb gießen und ein wenig einkochen lassen. Ananas und Paprika fein schneiden und mit dem grünen Pfeffer in die Sauce geben. Mit dem Palmzucker und dem Essig süß-sauer würzen. Vor dem Anrichten frisch gehacktes Koriandergrün hinzugeben und mit einem Zitronengrashalm dekorieren.

Dazu passen Baguette und ein frischer Weißwein.

AUS GEORG RUFFERTS KÜCHENGEHEIMNISSEN
SESAM ÖFFNE DICH ...

r die Sauce:

L Ananassaft

L Apfelsaft

grüne Äpfel

'itronengrashalme

ichalotten

:hilischote

nittelgroße Ingwerwurzel

kleines Stück Ananas

ronensaft

¼ rote und gelbe Paprika

riandergrün

TL grüne, frische oder eingelegte Pfefferkörner

EL Palmzucker oder brauner Zucker

isessig (Champagneressig)

Zürcher Filet – neu interpretiert

200 g Champignons
1 Zwiebel
20 g Butterschmalz
600 g Kalbsfilet
Salz, Pfeffer
30 g Butter
100 ml Weißwein
100 ml Kalbsfond
120 ml Schlagsahne
100 g Crème fraîche
etwas glatte Petersilie
eingelegte Trüffel oder Morcheln

Kalbsfilet leicht salzen und pfeffern und in Butterschmalz in 2–3 Minuten rundum goldbraun anbraten. Filet in eine feuerfeste Form geben und im vorgeheizten Backofen bei 160 Grad 15 Minuten garen. Das Fleisch aus dem Ofen nehmen, fest in Alufolie einwickeln und im ausgeschalteten Backofen 15–20 Minuten ruhen lassen.

Butter in einer Pfanne erhitzen, fein gewürfelte Zwiebeln und Champignonscheiben darin braten. Mit Salz und Pfeffer würzen, mit Weißwein ablöschen und auf die Hälfte einkochen lassen. Kalbsfond angießen und wiederum auf die Hälfte einkochen lassen. Sahne dazugeben und 4–5 Minuten köcheln. Crème fraîche unterrühren und kurz aufkochen. Gehackte Petersilie und kleingeschnittene Morcheln dazugeben.

Filet auspacken, Fleischsaft aus der Folie in die Sauce gießen. Das Filet in dünne Scheiben schneiden und mit der Sauce auf flachen Tellern anrichten.

Dazu passen Röööschdi.

Birnen-Carpaccio mit Rucola, Speck und Parmesan

2 Frühlingszwiebeln

1 Bund Rucola

2 verschiedene Sorten Birnen

1 Stück Parmesan

200 g magere Schinkenspeckwürfel

Balsamicoessig

Olivenöl

Salz, Pfeffer

frische Minze

Frühlingszwiebeln putzen und in feine Ringe schneiden. Olivenöl in einer Pfanne erhitzen, Frühlingszwiebeln und Speckwürfel darin andünsten. Rucola putzen.

Birnen in feine Scheiben schneiden und auf Tellern anrichten, Rucola dazugeben, mit Salz, Pfeffer, Essig und Öl würzen. Angebratene Speckwürfel über den Salat geben und den Parmesan darüberhobeln.

Mit Minzblättern garnieren.

Mangopasti mit Avocadosüppchen

Mangopasti:

Paprika dritteln, Strunk entfernen und im vorgeheizten Backofen grillen. Abkühlen lassen und Haut abziehen.

Ingwer und Knoblauch schälen, Frühlingszwiebel putzen, mit Chili und Koriander klein schneiden und zusammen in etwas Olivenöl andünsten. Zusammen mit Gemüsebrühe und Essig aufkochen. Flüssigkeit auf die Hälfte reduzieren.

Paprika auf Tellern anrichten und mit der reduzierten Sauce begießen.

Ziegenkäse klein schneiden und dazugeben.

Eine halbe Mango schälen, den Kern entfernen und in kleine Würfel schneiden. Gehackten Chili und Koriander unterheben. Ebenfalls auf den Tellern anrichten.

Avocadosuppe:

Gemüse putzen, schälen, würfeln. Mit Joghurt, der erkalteten Brühe, Salz, Pfeffer, Basilikum, Koriander fein pürieren. Mit Kresse garnieren.

In kleinem Glas auf dem Mangopasti-Teller servieren.

(für 2 Personen)

Mangopasti:

2 Paprikaschoten

1 Frühlingszwiebel

frischer Koriander

1 Knoblauchzehe

½ Tasse Gemüsebrühe

1 kleines Stück Ingwer

2 EL Balsamicoessig

1 kleines Stück Chili

100 g Ziegenkäse

½ Mango

Kalte Avocadosuppe:

½ Avocado

½ Gurke

½ Frühlingszwiebel

½ Tasse Gemüsebrühe

1 Knoblauchzehe

3–4 EL Ziegenjoghurt (ersatzweise: Crème fraîche)

Salz, Pfeffer

frischer Basilikum, Koriander und Kresse zum Garnieren

Antipasti

Mit einer Gabel ringsum die Aubergine einstechen. In Salzwasser 5 Minuten kochen. Abtropfen lassen und in Folie wickeln, 15 Minuten ins Gefrierfach legen.

Möhre, Fenchel und Frühlingszwiebel putzen und in Stücke schneiden. In Oliven- und Sesamöl das Gemüse nacheinander bissfest dünsten. Den schwarzen Sesam zu den Möhren geben. Parmesan hobeln.

Anis, Koriander, Kardamom im Mörser zerstoßen, mit Zitronensaft, Honig, etwas Olivenöl und Granatapfelsaft zu einem Dressing verrühren.

Aubergine aus dem Gefrierfach nehmen und in feine Scheiben schneiden, anbraten.

Auberginen und Gemüse auf einer Platte anrichten, mit Dressing übergießen und gehobelten Parmesan darüber streuen.

1 Fenchelknolle

1 Aubergine

1 Bund Frühlingszwiebeln

5 Möhren

2 EL schwarzer Sesam

Salz, Pfeffer

2–3 EL Zitronensaft

1 ½ EL Honig

4 EL Olivenöl

1 EL Sesamöl

Anis

Korianderkörner

5–6 Kardamomkerne, geschält

Granatapfelsaft (ersatzweise Apfelsaft)

50 g Parmesan

1 Bund Rucola

Peter Wenzel leitet das Lindner Hotel am Wiesensee. Eines seiner liebsten Gerichte: Der in Heu gegarte Weideochse.

PETER WENZEL –

TRAUMBERUF AM TRAUMPLATZ

Hoteldirektor hat am Wiesensee Wurzeln geschlagen

Die Gaststätten- und Hotelbranche schickt ihre Mitarbeiter überall auf dem Globus herum. Auch Peter Wenzel hat schon viele Stationen in Deutschland, der Schweiz und Großbritannien durchlaufen, bevor er an den Wiesensee kam und die Leitung des dortigen Lindner Hotels angetragen bekam. Für ihn ist damit ein Traum in Erfüllung gegangen. Seine zwei Kinder werden unbeschwert im Grünen groß, und auch Peter Wenzel selbst genießt den landschaftlich reizvollen Ausblick aus seinem Golf- und Wellness-Hotel. „Die Terrasse über dem Wiesensee ist für mich einer der schönsten Orte des Westerwalds", schwärmt er. „Wir haben zahlreiche weitgereiste Tagungs- und Golf-Gäste, aber viele kommen auch aus dem nahegelegenen Limburg oder Koblenz, um einfach mal für einen Tag in der hübschen Wellness-Abteilung die Seele baumeln zu lassen." Das größte Lob ist für Peter Wenzel, wenn es den Gästen gelingt, sich richtig entspannt fallen und sich von seinem Team verwöhnen zu lassen.

Fernab vom Alltag

Er selbst erholt sich am besten beim Kochen und Genießen mit Freunden. Da die Zeit eines Hoteldirektors knapp ist, aber immer nach seiner Devise „Koche nie länger, als Du nachher Zeit zum Essen haben möchtest." Natürlich schätzt er exquisite Speisen,

DER SCHÖNSTE PLATZ **IM WESTERWALD ...**

Nicht nur Golfer und erholungsbedürftige Wellness-Freunde lieben die **Idylle des Wiesensees.**

aber beim Tafeln mit lieben Menschen kommt es doch neben der Mahlzeit genauso auf die interessanten Gespräche und den Spaß an. Das gekochte Menu ist mehr der Träger für die Geselligkeit.

Das Gute liegt so nah

Das heißt aber nicht, dass Peter Wenzel keinen Wert auf die Qualität der Zutaten legte. Ganz im Gegenteil – am liebsten kauft er auch für den Hotelbetrieb mit 25.000 Übernachtungen im Jahr bei den kleinen, regionalen Produzenten Fleisch, Käse und auch Süßspeisen und Torten ein. Think global, act local – der weit gereiste gebürtige Aachener ist ein echter Wäller geworden!

pro Person ca. 220 g Rinderfilet am Stück vom heimischen Jungrind

2 Hände voll Wiesenheu gewaschen und abgetropft

festkochende Kartoffeln

leicht geräucherter Schweinespeck

Zwiebeln

glatte Petersilie

Butter und Öl

Salz, Pfeffer

frische Pfifferlinge

Schalotten

Rotwein

Zucker

Balsamicoessig

Wäller Weideochse im Heu gegart auf Rotweinschalotten, Bratkartoffeln und frischen Pfifferlingen

Das Rinderfilet gut parieren, ausreichend salzen und pfeffern und scharf anbraten. Anschließend von allen Seiten mit Heu bedecken und fest in Alufolie einwickeln. Bei 140 Grad ca. 15–20 Minuten (je nach Dicke des Filets) im Backofen garen.

Kleine Kartoffeln in der Schale garen, pellen und in Scheiben schneiden. Zwiebeln und Schweinespeck fein würfeln. Petersilie hacken. In eine heiße Pfanne Öl und ein wenig Butter geben. Darin die Bratkartoffeln zusammen mit den Zwiebeln und dem Speck goldgelb braten. Mit Salz, Pfeffer und der Petersilie abschmecken.

Die Pfifferlinge putzen. Zwiebeln schälen und fein würfeln. Öl und ein wenig Butter in eine heiße Pfanne geben. Die Pfifferlinge zusammen mit den Zwiebeln sautieren. Mit Salz, Pfeffer und gehackter Petersilie abschmecken.

Die geschälten Schalotten in einer Stielkasserolle mit Butter leicht sautieren. 1 TL Zucker und Balsamico dazugeben. Anschließend mit Rotwein aufgießen, bis die Schalotten bedeckt sind. So lange reduzieren, bis der Rotwein fast ganz verkocht ist und sich eine Reduktion am Topfboden gebildet hat. Darin ein wenig kalte Butter montieren und mit Salz und Pfeffer abschmecken.

Mutter und Tochter betreiben drei Modegeschäfte. Sie haben einen ähnlichen Geschmack. Beim Einkauf auf Modemessen greifen sie oft zur selben Ware.

BRIGITTE KELM UND SABRINA EBNER –

SCHÖNER ESSEN!

Cocktailkleider und Dinnerjäckchen im Kräutermantel

„Viva" heißen die drei Modegeschäfte von Brigitte Kelm und ihrer Tochter Sabrina Ebner in Bad Camberg, Idstein und Limburg. Lebendig und mitreißend ist auch die Mode der beiden bekennenden Fashionistas – so lebendig, dass Sabrinas elfjährige Tochter Rosalie schon angekündigt hat, die Geschäftsnachfolge übernehmen zu wollen. Noch liegen ein paar Schuljahre vor der Nachwuchskraft – zudem haben Rosalies Oma und Mutter noch selbst einen Riesenspaß am „Damen-Verschönern." Die größte Freude bereitet es Brigitte Kelm, wenn sie einer Kundin zu vorteilhafteren Schnitten und typgerechteren Farben verholfen hat.

Passionierte Fashionistas

„Frauen wollen heute in jedem Alter und mit jeder Figur modisch gekleidet sein – umso wichtiger ist die Passform", erklärt Brigitte Kelm. „Ich bin Ästhetin. Egal, ob ich den Blumenstrauß noch richtig zurechtzupfe, der Tischdekoration das i-Tüpfelchen verpasse oder eben eine Dame umstyle und ihr den passenden Schmuck zum Blazer reiche – es muss immer erst das Gesamtbild stimmen, bevor ich zufrieden bin." Ihr Anspruch ist es, allen Frauen – von Größe 34 bis zum Vollweib – mehr Ausstrahlung zu verleihen und ihre positiven Seiten zu betonen. Auch Essen sollte schön präsentiert sein, findet Brigitte, die das Kochbuchgericht in der aktuellen Modefarbe grün gehalten hat. Nur sonntags und während des Urlaubs können die beiden blonden Ästhetinnen von ihrem Perfektionismus lassen. Dann werden Make-up und Jäckchen im Chanel-Stil eingetauscht gegen legere Kleidung und den Naturlook. Zeit, mit dem Wohnmobil durch die Lande zu fahren und mit dem Familienhund über die Wiesen zu tollen. Den Sinn für das Schöne legen Mutter und Tochter selbstverständlich auch bei den Streifzügen durch die Natur nicht ab. Sie liefert die besten Inspirationen für die Modewelt.

Auch die Tischwäsche muss anziehend sein!

www.viva-trends.de

Gesamtkunstwerk.

Erst, wenn jedes Detail stimmt, sind Brigitte und Sabrina mit ihrem Gesamtkunstwerk zufrieden: wenn sie Damen zu ihrer Garderobe beraten oder die Festtafel decken.

Parmesansuppe „Ganz in Weiß“

1 L Fleischbrühe
150–200 ml Schlagsahne
5 Eier
50 g geriebener Parmesan
Salz, Pfeffer, Muskat
Olivenöl

Brühe in einem Topf erhitzen. Eier trennen und Eigelb mit der Sahne und dem Parmesan in einer Schüssel mit dem Schneebesen verrühren. Mit Salz und frisch geriebenem Muskat würzen. 2 Kellen der heißen Brühe unter Rühren zugießen. Die Parmesanmischung in die übrige Brühe langsam eingießen, dabei mit dem Pürierstab kräftig durchmixen und erhitzen, bis die Suppe etwas dickflüssiger zu werden beginnt.

Die Suppe in tiefen Tellern anrichten und mit Pfeffer bestreut und etwas Olivenöl beträufelt anrichten.

- 600 g Champignons
- 200 g Schalotten
- 3 Knoblauchzehen
- 500 g Rinderfilet
- Olivenöl
- Butter
- 1 Chilischote
- 4 EL Limettensaft
- 2–3 EL Sojasauce
- Zucker
- 1 Bund Koriander

Rinderfilet im grünen Kleid

Die Champignons, Schalotten und Knoblauch putzen und in dünne Scheiben bzw. Ringe schneiden. Das Filet rundherum salzen. Etwas Olivenöl in einer Pfanne erhitzen und das Fleisch etwa 2 Minuten von allen Seiten scharf anbraten. Filet aus der Pfanne nehmen und fest in Alufolie einwickeln.

Noch etwas Olivenöl in die Pfanne geben und die Champignons darin anbraten. Schalotten zugeben und alles ca. 5 Minuten bräunen. Knoblauch und 1 EL Butter zugeben und 2 Minuten weiterbraten.

Für die Marinade eine halbe oder ganze rote Chilischote fein hacken und mit dem Limettensaft, der Sojasauce und 1–2 TL Zucker verrühren. Anschließend 7 EL Olivenöl unterrühren.

Das Filet aus der Folie nehmen, in dünne Scheiben schneiden und auf einer Platte anrichten. Die Pilzmischung darauf verteilen und mit der Marinade beträufeln. Mit Korianderblättchen bestreut servieren.

Der Limburger Steuerberater Werner Weißenberger freut sich schon auf die Bilanz des Kücheneinsatzes.

PROF. DR. BARBARA E.
UND WERNER WEISSENBERGER –

DIE LINSEN DER ERBSENZÄHLER

Beim Kochen lassen auch Controller fünfe gerade sein

Wie stellt man sich eine Betriebswirtschafts-Professorin mit Schwerpunkt Controlling und Rechnungslegung in der Küche vor? Mit Goldwaage, Tranchiermesser-Sammlung und akribischer Küchenplanung nebst Computer-unterstütztem Kochzeitmanagement? Weit gefehlt! Prof. Dr. Barbara E. Weißenberger kocht am liebsten ohne starre Anweisungen und mit viel Gefühl.

Neuland und Forschung

Wie in ihrer Forschung an der Universität Gießen betritt sie auch beim Kochen immer wieder gerne Neuland. „Man muss bereit sein, auf eine Reise ins Ungewisse zu gehen. Nicht immer weiß man am Anfang, was am Ende herauskommt." Am liebsten brutzelt sie in gleichberechtigter Zusammenarbeit mit ihren Söhnen Laurent und Nicolas – sehr zum kulinarischen Vergnügen ihres Mannes. Werner Weißenberger ist Limburger Steuerberater und teilt mit seiner Frau die Leidenschaft für Zahlen – und für Tafelfreuden.

Paris und Limburg

In Gemeinschaft kocht und genießt es sich doch am angenehmsten, findet die sympathische BWL-Professorin. Ausgiebige, mehrgängige Menus mit Käse und Wein hat sie als Studentin während eines Auslandssemesters in Paris kennen und lieben gelernt: „Bodenständig, reichhaltig, aber nicht überladen", so charakterisiert Barbara Weißenberger die geschätzte französische Küche und hat mit dieser Vorliebe die gesamte Familie angesteckt. Auf der kulinarischen Wunschliste der Söhne stehen mit Hackfleisch und Béchamel-Sauce gefüllte Crèpes immer ganz oben oder auch mal Fondue bourguignonne.

Steuern und Ökonomie

Für das Kochbuch wählte Familie Weißenberger einen roten Linsensalat aus – weil seine Zutaten leicht verfügbar und günstig sind, man für seine Zubereitung nicht viele Töpfe braucht und er vielseitig als Beilage oder Hauptgericht zu verwenden ist. Ein bisschen ökonomisch denken darf man ja trotzdem mal, oder?

wiwi.uni-giessen.de/controlling
HIER RECHNET MAN ZU RECHT
MIT GROSSEM GENUSS.
Estragon
Ciboulette
Kochen?
Auf der Haben-Seite
des Lebens!

Salat aus 2617 roten Linsen und Schafskäse

(für 4 Erwachsene oder 2 hungrige Studenten)

1 Zweig Rosmarin, 1–2 Blättchen Salbei, 2–3 Stängel Thymian

2 EL Olivenöl

2617 rote Linsen (ca. ¼ L)

400 ml Kalbsfonds (ersatzweise Gemüsefonds oder Gemüsebrühe – allerdings wird in letzterem Fall der Salat sehr salzig)

3 Frühlingszwiebeln (ersatzweise ein großer Bund Schnittlauch)

1–2 Knoblauchzehen (nach Geschmack)

200 g Schafskäse (z. B. Feta)

Für die Vinaigrette:

4 EL Olivenöl

4 EL Weinessig

schwarzer Pfeffer aus der Mühle

Salz

Kräuter fein hacken und in einer Pfanne in Olivenöl ganz kurz anbraten. Rote Linsen waschen, gut abtropfen und in die Pfanne geben, ebenfalls kurz anbraten, dabei gut umrühren. Die Linsen verlieren dabei etwas ihre rötliche Farbe – das ist jedoch normal.

Kalbsfonds zugeben und bei geringer bis mittlerer Hitze gerade so lange köcheln lassen, bis die Flüssigkeit vollständig von den Linsen aufgesogen ist. Die Linsen sollten nicht zu weich werden, sondern noch leicht bissfest sein – notfalls kann ein kleiner Rest des Fonds weggeschüttet werden.

In der Zwischenzeit Frühlingszwiebeln putzen und in schmale Ringe schneiden, Knoblauch und Schafskäse würfeln sowie die Vinaigrette zubereiten. Evtl. einige Stängel Zwiebelgrün zur Dekoration.

Die fertig gegarten Linsen in einer Schüssel sofort mit der Vinaigrette vermischen und ca. 5 min. abkühlen lassen. Danach mit Frühlingszwiebeln und Knoblauch vermischen und den Schafskäse als letztes hinzugeben.

Lauwarm genießen.

Passt zu knusprigem Baguette und Butter, kurz gebratenem oder gegrilltem Fleisch (Rind, Schwein, Lamm) und einem kräftigen spanischen Rotwein oder alternativ einem kühlen Sauvignon Blanc.

Kurz gebraten.
Lang genossen!

(für ca. 20 Portionen auf Vorrat)

2 kg Rinderknochen

3 Gemüsezwiebeln

700 g Wurzelgemüse (Möhren, Lauch, Sellerie, Petersilienwurzeln)

1 Knolle Knoblauch

Salz

Wacholderbeeren

Lorbeerblätter

Kräuter (querbeet aus dem Garten)

Knochenbrühe

Gemüsezwiebeln halbieren und mit der Schale auf der Schnittseite in einem sehr großen Topf scharf anbraten. Knochen dazugeben und mitrösten. Wurzelgemüse waschen und mit Schale grob zerkleinern. Gemüsestücke zusammen mit den restlichen Zutaten zu den Knochen geben. Mit 6 Liter kochendem Wasser auffüllen und ca. 3 Stunden köcheln. Knochen und Gemüse entfernen, Brühe durch ein feines Sieb schütten und weitere 2 Stunden im offenen Topf köcheln.

Kalt stellen, so dass sich das Fett oben absetzt. Fett mit einer Kelle abnehmen. Brühe portionsweise in verschließbaren Gläsern einfrieren.

200 g grüne Linsen

2 Frühlingszwiebeln

2 Schalotten

2–3 Petersilienwurzeln

1 Knoblauchzehe

1 Zitrone

300 ml Fleischbrühe

200 ml Sahne

1 Zweig frischer Liebstöckel

1 Zweig frischer Koriander

Salz, Pfeffer

Muskatnuss

1 EL Butter

½ Glas Weißwein

1 kleiner Schuss Willi (Birnenbrand)

evtl. etwas Speisestärke zum Abbinden

Weiße Linsensuppe

Linsen nach Packungsangabe kochen.

Frühlingszwiebeln, Schalotten, Knoblauch schälen, in sehr feine Würfel hacken und in Butter andünsten.

Zitronenschale abreiben, Zitrone auspressen.

Kräuter hacken und zur Zwiebelmasse geben. Fleischbrühe, Sahne, Weißwein, Zitronensaft angießen und ca. 10 Minuten köcheln lassen. Nun die Linsen hinzufügen, kurz aufkochen lassen und mit Salz, Pfeffer, Zitronenschale und Muskat abschmecken. Evtl. mit Speisestärke etwas abbinden.

Dazu passen gebratene Lachsforellenwürfel und geröstetes Brot.

Bayerische Linsen mit Weißwurstspieß

Linsen nach Packungsangabe garen. Zwiebel, Möhre, Petersilienwurzel, Staudensellerie, Frühlingszwiebel schälen und in sehr kleine Würfel schneiden. Kurz in Olivenöl anbraten. Mit Balsamicoessig, süßem Senf und Brühe abschmecken.

Weißwurst häuten und in schräge Scheiben schneiden. In Mehl wenden und in Butter goldbraun anbraten. Auf Spieße stecken und zu den warmen (oder auch sehr lecker: zu den abgekühlten und durchgezogenen) Linsen servieren.

250 g Linsen (gleichgültig welcher Farbe)

1 rote Zwiebel

1 Möhre

1 Petersilienwurzel

1 Stange Staudensellerie

1 Frühlingszwiebel

Salz, Pfeffer

1 EL Olivenöl

2 EL Balsamicoessig

1–2 TL süßer Senf

50 ml kräftige Fleisch- oder Gemüsebrühe

4 Weißwürste

Butter

Mehl zum Bestäuben

200 g rote Linsen

1 rote Zwiebel

1 Knoblauchzehe

4–5 Tomaten

1 Dose geschälte Tomaten

2 Möhren

2 EL Tomatenmark

Salz, Pfeffer

2 Lorbeerblätter

Frische Kräuter (Thymian, Rosmarin, Majoran, Salbei)

1 Glas Rotwein

Chili nach Gusto

100 ml Tomatensaft

100 ml Fleisch- oder Gemüsebrühe

2 EL Olivenöl

Balsamicoessig

Rote Linsensuppe

Linsen nach Packungsangabe garen.

Zwiebel, Knoblauch, Möhren, Tomaten in minikleine Würfel schneiden. In Olivenöl anschwitzen. Dosentomaten grob würfeln und dazugeben. Tomatenmark, Lorbeerblätter, gehackte Kräuter, Chili, Rotwein, Tomatensaft und Brühe dazugeben. Ca. 10 Minuten köcheln lassen und mit Salz, Pfeffer und Balsamicoessig abschmecken. Zum Schluss die Linsen hinzufügen und im Sud erhitzen.

Dazu passen gebratene Fleischkäsewürfel und Brot.

KAMELIA PETROVA –

SPAGAT ODER SPAGHETTI? PIROUETTE STATT PIROGGEN!

Eine Primaballerina liest sich satt

Kamelia Petrova genoss ihre Ausbildung in der Ballettakadamie Sofia und am Moskauer Bolschoi-Theater.

Während ihrer klassischen Ballettausbildung in Bulgarien und an der Moskauer Ballettschule oder ihres Engagements am Nationaltheater Sofia durfte sich natürlich kein Gramm zu viel auf Kamelia Petrovas zierlichen Hüften befinden. Statt herzhaft bei Tisch zuzulangen, lasen sich die Tänzerinnen in der Garderobe gegenseitig Rezepte vor. Aus dieser kulinarisch entsagungsreichen Zeit stammt Kamelias Vorliebe für das Kochen und Essen.

Limburger Spitzentänze

Heute darf sie zwar schon eher mal eine weitere ihrer geliebten bulgarischen Sauerkrautrouladen aus Omas handgeschriebenem Kochbuch nachlegen, aber natürlich achtet die Inhaberin der Limburger Ballettschule immer noch sehr auf eine tadellose Haltung und Figur. Die Tänzerin unterrichtet aktuell über 200 Ballettschülerinnen und -schüler im Alter von 4 bis 50 Jahren. Eine Arbeit, die sie liebt, weil sie jedem Einzelnen helfen möchte, das Beste aus sich herauszuholen. Kamelia kann sich gar nicht vorstellen, beruflich etwas anderes zu tun als zu tanzen und Ballettunterricht zu erteilen.

Bulgarische Lieblingsspeisen

Bei der Jubiläumsaufführung zum 15. Geburtstag der Ballettschule hat sich Kamelia Petrova etwas Besonderes ausgedacht: das Ballettstück „Dornröschen“, bei dem alle 230 Schüler eine tanzende Rolle haben – inklusive der regieführenden Chefin Kamelia, die eine zarte Fee verkörpert. Vermutlich wird sie bis zur Premiere auf ihre Lieblingsspeise verzichten, die ihr früher ihre Großmutter im bulgarischen Varna-Gebiet immer in den Winterferien zubereitet hat. „Dieses Gericht schmeckt nach glücklichen Kindheit, einer fürsorglichen, lieben Oma und unbeschwerten Ferientagen ohne Ballettdisziplin.“

Kamelia Petrova

ECHT SPITZE UND **NICHT VON DER STANGE.**

Ihre Ausbildung genoss Kamelia in Bulgarien und Moskau.
Heute leitet sie eine Ballettschule in Limburg.

(für eine Großfamilie)

1 Kohlkopf (ganz wichtig: eingelegt vom türkischen Gemüsehändler)

1,5 kg Hackfleisch

1,5 kg Reis

Salz, Pfeffer

Bohnenkraut (frisch oder getrocknet)

Paprikapulver

Chili (frisch oder als Pulver)

1 große Gemüsezwiebel

5–6 EL Öl

Bulgarische Sauerkrautrouladen

Zwiebeln würfeln und in Öl erhitzen. Das Hackfleisch dazugeben, anbraten, unter Zugabe von etwas Wasser gut verrühren. Dann kommen der Reis und die Gewürze dazu. 5–7 Minuten köcheln und anschließend abkühlen lassen.

Blätter vom Kohlkopf vorsichtig ablösen und mit der Füllung zur Roulade wickeln. Den restlichen Kohl, zu kleine oder gerissene Blätter in einen großen Topf geben und die Rouladen darüberschichten. Ca. ½ L heißes Wasser mit Salz und Paprika würzen und mit 2 EL Öl über die Rouladen geben. Alles am Schluss mit Kohlblättern bedecken. Rouladen mit einem Teller beschweren und den geschlossenen Topf bei geringer Hitze 4–5 Stunden schmoren lassen.

Am besten schmeckt das Gericht, wenn es schon am Vortag zubereitet und dann nur aufgewärmt wird. In Bulgarien trinkt man dazu Schnaps.

Dazu passt ein landestypischer Salat aus Tomaten, Gurken, Frühlingszwiebeln, Spitzpaprika, geriebenem Schafskäse, Essig, Öl, Salz, Pfeffer und schwarzen Oliven.

Cola-Huhn*

Knoblauch und Zwiebeln schälen und würfeln, Paprika und Champignons putzen und würfeln. Hühnchen waschen, trocknen und grob würfeln. In einer beschichteten großen Pfanne Sonnenblumenöl erhitzen und das Fleisch darin anbraten. Mit Zwiebeln, Knoblauch und Paprika zusammen dünsten und gelegentlich umrühren. Cola und Ketchup in einer Schüssel verrühren und zum Fleisch in die Pfanne geben. Aufkochen und bei geringer Wärmezufuhr ca. eine halbe Stunde garen.

Die Champignons und die Cashewkerne dazugeben und weitere 15 Minuten dünsten. Mit Salz, Pfeffer und Gemüsebrühe abschmecken.

Dazu passen Nudeln, Reis oder Brot.

500 g Hähnchenbrustfilet

2–3 Knoblauchzehen

2 Zwiebeln

1 rote Paprika

250 g Champignons

100 g Cashewkerne (geröstet und gesalzen)

400 ml Cola (Fanta oder Sprite geht auch)

250 ml Curry-Ketchup

1 TL Instant-Gemüsebrühe

Salz, Pfeffer

1 EL Sonnenblumenöl

nach Geschmack frischer Ingwer oder Chili

* Dieses Rezept stammt von Kevin. Er kochte es für Kamelias Tochter Mariela beim ersten Rendez-vous.

Die Menschen haben Sehnsucht nach Klarheit und Struktur, hat Architektin Martina Kern beobachtet. Ihr Entwürfe sind vom Bauhaus inspiriert.

MARTINA UND MARKUS KERN –

HAUSGEMACHT!

Architektin Martina Kern baut auf Gemüse

Schon seit Kindertagen wollte Martina Kern Architektin werden. Sie sparte ihr Taschengeld, um sich die Architekturzeitschrift „Häuser" zu kaufen. An dieser Leidenschaft hat sich bis heute nichts geändert. „Ich brauche eine Tätigkeit, bei der ich Ergebnisse sehen kann". Die Mutter dreier Kinder ist auch in der Küche sehr patent und ergebnisorientiert. „Das Gericht muss nicht stylish sein oder gar üppig dekoriert." Die Zutaten sollten aber unbedingt eine solide Qualität haben und richtig gut schmecken – möglichst der gesamten Familie. Die besten Erfolgsaussichten haben da Hähnchenschlegel und Martinas kulinarischer Evergreen, das kernige Gemüse.

Getrennte Gewerke

Martina probiert auch oft neue Rezepte aus, die ihr Mann Markus, die beiden Söhne Jonas und Ludwig und das Nesthäkchen Laura gerne abends beim gemütlichen Familienessen testen. Übrigens werden bei Kerns die Küchenaufgaben streng nach Gewerken getrennt: Martina hat die Bauaufsicht über die pikanten Gerichte, Steuerberater Markus ist der Zuckerbäcker. Der Zuckerbäckerstil liegt Martina auch architektonisch in keinster Weise; Türmchen und Ornamente kommen ihr nicht aufs Zeichenbrett. Sie hat bei sich selbst und bei vielen Bauherren eine Sehnsucht nach klaren Formen und Strukturen festgestellt, der sie in ihren vom Bauhaus beeinflussten Entwürfen Rechnung trägt. „Vielleicht ist es das stressige, unregelmäßige Leben, das die Menschen zu geraden Linien im Haus drängt", vermutet Martina Kern. Spätestens, wenn man an Kerns langer Familientafel Platz genommen hat und man den Blick durch die lichtdurchfluteten Räume schweifen lässt, ist der Alltagsstress ohnehin passé.

Konzepte!

PAUSE ZWISCHEN DEN **HAUS-**AUFGABEN …

Kerniges Gemüse

(für 6 Personen)

je 1 rote und gelbe Paprikaschote

2 Zwiebeln

1 Aubergine

je 1 gelbe und grüne Zucchini

4 EL Olivenöl

2 EL Balsamico bianco

1–2 TL Honig

Salz, Pfeffer

frischer Thymian

1 kleiner Hokkaido-Kürbis

1 große Süßkartoffel

1 kleiner Butternut-Kürbis

Paprikaschoten, Aubergine, Zucchini und die geschälten Zwiebeln in grobe Stücke schneiden. Mit Olivenöl, Salz, Pfeffer, Honig und Balsamiccessig mischen. In eine große Auflaufform geben und bei 200 Grad ca. 30 Minuten garen. Zwischendurch umrühren und zum Schluss 5–10 Minuten grillen.

Hokkaido-Kürbis entkernen, Süßkartoffel und Butternut-Kürbis schälen. Alles würfeln und in Olivenöl weichdünsten. Mit Salz und Pfeffer würzen. Als Beilage zum Ofengemüse reichen.

Scharfe Chili-Möhrensuppe

8 EL Olivenöl

8 Möhren

2 Kartoffeln

2 Zwiebeln

¼ L Orangensaft

1 L Gemüsebrühe

200 ml Sahne

Chili

Paprikapulver, Salz, Pfeffer

Möhren, Kartoffeln und Zwiebeln schälen und grob würfeln. In 8 EL Olivenöl andünsten. Mit Orangensaft und Brühe aufgießen. Ca. 20 Minuten weichkochen. Mit Sahne, Chili, Pfeffer aus der Mühle, Salz und Paprikapulver abschmecken und fein pürieren.

Monika und Dirg Parhofer sind beide im Rennsport erfolgreich.

MONIKA UND DIRG PARHOFER – VERY FAST FOOD

Pit Stop mit „PS" – Parhofers Sandwich gewinnt die Formel Ei

Gut, dass sich Dirg Parhofer nicht zwischen seinen zwei Leidenschaften entscheiden muss, denn kurz muss er bei der Antwort zögern, ob ihm das gute Essen oder schnelle Autos näher am Herzen liegen. Die Wahl fällt dann aber rasant auf das Rennfahrerhobby, das er seit seinem 14. Lebensjahr betreibt.

Rasantes Paar

Der frisch gekürte dritte Sieger im Porsche Super Sports Cup hat sogar Konkurrenz im eigenen Hause: Ehefrau Monika wurde Meisterin in der Damenklasse der Porsche Zentrum Trophy. „Sie ist eine sehr gute Köchin, aber als Autofahrerin ist sie mir noch lieber." Das wird viele Frauen neidisch machen, deren Männer sich oft als nörgelnde Beifahrer gerieren. Aber nicht nur im Cockpit ist Dirg gerne mit seiner Frau zusammen, sondern auch bei Tisch. „Das Schönste am Essen ist, dass ich da ausgiebig Zeit für meine Frau habe", erzählt der erfolgreiche Unternehmer.

Küche ist das Zentrum

Parhofer ist Geschäftsführer der Amadeus Group, die seit über 20 Jahren in der Wohnungsbaubranche tätig ist. Das Motto ist Full Service – von der Grundstücksakquise über die schlüsselfertige Errichtung und Ausstattung bis zum Hausmeisterservice. Klar, dass für einen Immobilienprofi wie Parhofer das Wichtigste in einer Wohnung die Küche ist. „Mit großem Kühlschrank und Mikrowelle, die auch nach langen Arbeitstagen oder aufregenden Rennen noch den nötigen kulinarischen Treibstoff bieten."

Und was wird aufgefahren, wenn's mal schnell gehen muss? Natürlich Fast Food, wie es sich für ein Paar im Geschwindigkeitsrausch gehört. Schnell, aber bitte gesund und knackig. So wie das Knäckesandwich in 1001 Abwandlung, wie es bei Parhofers nun häufiger auf den Tisch kommt, seit der *Personal Trainer* ihr Leben in Bewegung gebracht und sie nicht nur

zum leichten Trab in Wald und Flur, sondern auch zu leichterem Essen angeregt hat.

Nun fehlt nur noch das passende Getränk dazu. „Was zum PS-Sandwich serviert wird, kommt ganz auf die Tageszeit an", präzisiert Dirg. „Morgens Buttermilch, abends gerne auch mal ein leichter Weißwein mit niedrigem Drehmoment."

Weinempfehlung

Zum Knäckebrot mit knackigen Karotten oder Paprika sowie zartem Frischkäse ist ein frischer Sauvignon Blanc aus Südafrika, einem von Dirg Parhofers bevorzugten Weinanbaugebieten, empfehlenswert. Die typisch grasigen, vegetabilen Aromen krönen jedes Gemüsesandwich. Auch in deutschen Weinkellern findet man gute Begleiter zum Schwedenbrot. Wie wäre es zur Abwechslung mal mit einem Silvaner aus Franken oder einem Kerner aus dem Porsche-Land Württemberg?

Knäckebrot-Sandwich

Roggen-Knäckebrot
Hüttenkäse
Kräuter- oder Chili-Frischkäse
geräucherte Putenbrust
Räucherlachs
Kaviar
gemahlene Chili-Flocken
gekochte Eier
Karotte
rote Paprika
Tomaten
Harzer Käse
Crème fraîche

Grundausstattung:

Hüttenkäse auf das Brot streichen, mit frisch gemahlenem Chili würzen, darüber Chili-Frischkäse streichen. Darauf kommen eine Scheibe geräucherte Putenbrust (wahlweise auch Räucherlachs), Möhrenstreifen (Sparschäler), Scheiben von gekochtem Ei und Paprikastreifen. Das Ganze mit Pfeffer aus der Mühle würzen. Mit Würfeln von Harzer Käse dekorieren.

PIT-STOP MIT DEM CO-PILOTEN

Schnittig!

Luxus-Knäcke:

Knäckebrot mit Crème fraîche bestreichen. Darauf Räucherlachs legen und wieder mit Crème fraîche bestreichen. Mit Kaviar und gehacktem Ei garnieren.

Kalte Gurken-Joghurt-Suppe

Naturjoghurt

Gurke (ungeschält)

frischer Dill und Minze

wenig Knoblauch

Schalotte

Salz, Pfeffer

Die Menge der einzelnen Zutaten richtet sich nach dem persönlichen Geschmack. Alle Zutaten pürieren und die Suppe eiskalt servieren.

Sauerkrautsüppchen mit gebratener Blutwurst

2 Stangen Staudensellerie

300 g Blutwurst

1 Glas Weißwein

100 g Sahne

250 g Sauerkraut

250 g Kartoffeln

2 Zwiebeln

200 g Champignons

frische Kräuter (Petersilie, Schnittlauch, Majoran, Thymian)

500 ml Gemüse- oder Fleischbrühe

frisch geriebene Muskatnuss

Salz, Pfeffer

1 TL Zucker

Olivenöl

2 Lorbeerblätter

Zwiebeln und Knoblauch schälen und würfeln, in Öl andünsten. Kartoffeln, Champignons und Sellerie putzen bzw. schälen, grob würfeln und mitdünsten. Brühe und Wein angießen, Gemüse weich kochen, mit Salz, Pfeffer und Muskat würzen.

In der Zwischenzeit Sauerkraut zusammen mit einer gewürfelten Zwiebel andünsten, 1 geschälte und fein geriebene Kartoffel sowie die 2 Lorbeerblätter dazugeben und mitdünsten. Mit Zucker, Salz und Pfeffer würzen.

Blutwurst pellen, in Scheiben schneiden und in heißem Olivenöl von beiden Seiten kurz anbraten.

Das weichgekochte Kartoffel-Champignon-Gemüse fein pürieren, in einer Schale anrichten, dann das Sauerkraut hinzufügen und mit Blutwurst anrichten.

Dazu passt geröstetes Bauernbrot

3 Kartoffeln

1 Sellerieknolle

300 ml Gemüsebrühe

2 Zwiebeln

1 EL Kapern

200 ml Sahne oder Crème fraîche

frische Kräuter (Oregano, Majoran, Salbei)

Butterschmalz

500 g Hackfleisch (½ Rindfleisch, ½ Schweinefleisch)

Salz, Pfeffer

Muskatnuss

abgeriebene Schale einer kleiner Biozitrone

1 Ei

1 EL Dijon-Senf

Selleriecremesuppe mit Hackfleischbällchen

Selleriecremesuppe:

Kartoffeln, Sellerie und 1 Zwiebel schälen und grob würfeln, in Butterschmalz andünsten. Mit Salz, Pfeffer und frisch geriebener Muskatnuss würzen und mit Gemüsebrühe sowie Sahne angießen; ca. 15 Minuten köcheln lassen. Suppe fein pürieren.

Hackfleischbällchen:

Hackfleisch, die abgeriebene Schale einer unbehandelten Zitrone, Senf, 1 Ei, Salz, Pfeffer, Kapern gut miteinander vermischen. Daraus kleine Bällchen formen, ringsum in Butterschmalz anbraten und mit der heißen Suppe servieren.

Gazpacho Israel

Tomaten

frische und eingelegte Gurken

grüne Paprikaschoten

Zwiebeln

Knoblauch

Chili

Paprikapulver, Salz, Pfeffer

Weißbrot ohne Rinde

Olivenöl

Tomatensaft

1 Spritzer Tabasco

Zitronensaft

abgeriebene Zitronenschale

Tomatenmark

Die Menge der Zutaten richtet sich nach dem persönlichen Geschmack. Weißbrot einweichen, Tomaten häuten, alle Zutaten würfeln und pürieren. Mit Eiswürfeln servieren.

Viele Köche veredeln den Brei!

Kochen ist reine MÄNNERSACHE

Was dabei herauskommt, wenn ein Hochbauer, ein Tiefbauer und ein Jurist zusammen kochen.

HANS-JÖRG METZ, HANSPETER OPEL
UND WILHELM MÜLLER-ZIMMERMANN

HOCH, TIEF UND WASSERFEST

Drei Dippegucker zwischen Himmel und Erd‘

Ein perfekt eingespieltes Team. Ob sie eines Tages ihren Traum erfüllen und eine Wochenendwirtschaft eröffnen?

Was kommt dabei heraus, wenn ein Hochbauer, ein Tiefbauer und ein Jurist zusammen kochen? Etwas zwischen Himmel und Erd‘ natürlich! Damit dieses kulinarische Bauwerk auch juristisch auf wasserfestem Fundament steht, kommt Rechtsanwalt Hans-Jörg Metz ins Spiel. Hanspeter Opel ist Bauingenieur und Experte für Hochbau, während Wilhelm Müller-Zimmermann lieber Straßen, Wege, Kanäle und Wasserleitungen baut.

Optimale Arbeitsteilung

Er ist auch der Einkaufs- und Ablaufplaner des Diezer Genießer-Dreigestirns, das sich ursprünglich mal über ihre inzwischen großen Kinder kennen gelernt hat. Für den Kompott mussten es Früh- oder Klaräpfel sein, die Müller-Zimmermann erst nach langer Suche auf dem Limburger Markt gefunden hat.
Die Blutwurst stammt von seinem Lieblingsmetzger in Gau-Dernbach. Die Aufgabenverteilung zwischen den dreien war rasch geklärt. Hanspeter hat sich mittlerweile hochgearbeitet und wird auch schon für einfachere Handreichungen in der Küche – und nicht mehr nur zum Abwasch – eingesetzt. Die drei eint ein gemeinsamer Traum: Eine Weingastwirtschaft, die nur am Wochenende öffnet und nur zum Spaß betrieben wird. Dort könnte es auch so deftige Gerichte wie den Dippegucker geben. Warum nicht? Ruckzuck hätten die beiden Bauingenieure die entsprechende Location errichtet, während sich Hans-Jörg Metz um die wasserfesten Verträge mit den Lieferanten kümmern würde.

Getränkeempfehlung

Äppelwoi aus der Region oder einen schönen rheinhessischen Schoppenwein. Als Digestif: Hefebrand.

Rheinischer Dippekuchen

(für 8 Personen)

5 kg Kartoffeln

2 Prisen Knödelweiß

300 g Speckwürfel

Schmalz

8 Speckscheiben

Öl zum Anbraten

8 Mettwürste

6 Eier

Salz, Pfeffer

Muskatnuss

ggf. Haferflocken

Kartoffeln waschen, schälen und in nicht zu feine Stücke raspeln. Die überschüssige Flüssigkeit aus den Raspeln herausdrücken. Knödelweiß dazugeben, damit die Masse nicht braun wird. Zwiebeln schälen und fein würfeln. Zwiebelwürfel zusammen mit dem Speck in etwas Öl anbraten.

Mettwürstchen in Scheiben schneiden. Mit der Kartoffelmasse und den Zwiebeln in einen großen Bräter geben. Gut verrühren. Mit Salz, Pfeffer und Muskat kräftig würzen. (Falls die Masse immer noch zu feucht ist, kann man sie mit Haferflocken etwas abbinden). Den Rand des Bräters mit den Speckscheiben auskleiden oder sie auf die Kartoffelmasse legen. Ohne Deckel bei 180 Grad im Ofen 2 Stunden garen.

Dazu passt frisch gekochter Apfelkompott.

Himmel und Erde

1 kg mehlig kochende Kartoffeln

1 kg Äpfel (Boskop)

4 Zwiebeln

Butter

Salz

Zucker

Die Kartoffeln schälen, kleinscheiden und in Salzwasser kochen. Die Äpfel schälen, achteln, das Kerngehäuse entfernen und zu den Kartoffeln geben. Alles 15 Minuten durchkochen lassen. Danach beides grob zerstampfen, mit Salz und Zucker abschmecken. Die Zwiebeln in Ringe schneiden, in Butter goldgelb ausbraten und über die Kartoffel-Apfel-Mischung geben.

Zu diesem Gericht serviert man im Rheinland gebratene Blutwurst.

Rotweinkuchen

250 g Butter oder Margarine

250 g Zucker

250 g Mehl

1 Päckchen Vanillezucker

4 Eier

1 TL Zimt

1 TL Kakao

1 TL Backpulver

1/8 Liter Rotwein

150 g Schokostreusel

Alle Zutaten zu einem Rührteig verarbeiten und bei 170 Grad ca. 80 bis 90 Minuten backen.

Vor dem Servieren mit Puderzucker bestäuben.

Weincreme

6 Eier

1 Päckchen Vanillepuddingpulver

1 Päckchen Vanillezucker

½ TL gemahlener Zimt

4 EL Zucker

1 Flasche Weißwein

Eigelb mit dem Zimt, dem Vanillezucker, dem Zucker und dem Wein aufschlagen, Puddingpulver unterrühren. Auf kleiner Flamme kurz aufkochen.

Eiweiß steif schlagen und unter die noch warme Creme heben.

Danke an Frau Müller-Zimmermann für diese wunderbaren Nachtisch-Rezepte.

EVA UND DIETMAR WOLF –

HAUPTROLLE IM BÜRGERMEISTERSTÜCK

Lokalpolitiker versteht sich auf Feuerwehreinsätze der besonderen Art

Keine halben Sachen. Was Dietmar Wolf tut, das tut er richtig. Als Bürgermeister, Regisseur oder Hobbykoch.

Die Bürgermeisterfunktion der 1000-Seelen-Gemeinde Gemünden im Westerwald erfüllt Dietmar Wolf seit 2003 ehrenamtlich. Im Hauptberuf verdient er beim Finanzamt Montabaur als Umsatzsteuersonderprüfer sein Geld. Damit der angespannte Gemeindeetat nicht überstrapaziert wird, kommt Dietmar Wolf auch mal auf ungewöhnliche Ideen. Als vor einigen Jahren dreißigtausend Euro für ein neues Feuerwehrauto fehlten, gründete er spontan die Theaterspielgruppe „Fratze im Kopp", die seitdem regelmäßig Komödien auf die Gemündener Bühne bringt und damit Geld für wohltätige Zwecke einspielt. Die Karten sind immer ruckzuck ausverkauft. Gerade steht „Tratsch im Treppenhaus" auf dem Spielplan, wobei das Drehbuch ein wenig mit Gemündener Charakteren, Besonderheiten und Mundart-Sprüchen angereichert wird.

Bürgermeister aus Leidenschaft

Dietmar Wolf ist der Regisseur, Drehbuchautor und hat auch schon oft die Hauptrolle übernommen. Da ist ein straffes Zeitmanagement gefragt bei Vollzeitberuf, 20 Stunden Bürgermeister-Ehrenamt und der Hobby-Schauspielerei. Gut, dass Ehefrau Eva ganz auf seiner Seite steht: Sie näht die Requisiten für die Laien-Schauspieler und hält ihrem Dietmar den Rücken frei, wenn er Grußworte an Vereinsmitglieder richtet, Nachbarschaftsstreitigkeiten schlichtet, zwei Mal pro Woche Bürgersprechstunde hält oder mit dem 17köpfigen Gemeinderat über das Wohl des Dorfes diskutiert. Da bleibt natürlich die Frage an den erfahrenen Kommunalpolitiker nach höheren Weihen: Möchte er in die Kreis- oder Landespolitik aufsteigen? Das klare „Nein" kommt wie aus der Pistole geschossen. „Mir liegt Gemünden am Herzen, nur hier möchte ich mich engagieren." Im gleichen Atemzug macht er Werbung für das idyllische Dorf.

Familienfreundliches Gemünden

„Ich lade junge Familien ein, sich Gemünden als Wohnort anzuschauen. Kinder werden hier behütet im Grünen groß. Tennis-, Fußball-, Tanz- und Posaunenvereine bieten tolle Freizeitangebote, und eine Grundschule mit 12 Kindern pro Klasse ist doch wirklich ein Glücksfall", schwärmt Dietmar Wolf. Er ist eben immer im Dienst für Gemünden. Und in den wenigen freien Stunden kocht er am liebsten zusammen mit seiner Frau und den drei Söhnen. Gerne Lamm und Fisch – oder an hohen Tagen in der Legislaturperiode auch mal das Bürgermeisterstück, eines der besten Teile des Rinds.

DAS BÜRGERMEISTERSTÜCK
IST DAS BESTE TEIL DES RINDS.

Dietmar bekocht am liebsten seine Frau und die drei Söhne.

Erste Wahl!

Das „Bürgermeisterstück“

1,5 kg „Bürgermeisterstück“ oder falsches Filet

5 Schalotten

Sojasauce

100 ml dunkler Balsamessig

50 ml Rotwein

500 ml Rinderbrühe

Senf, Salz, Pfeffer, Öl

150 ml Sahne

Das Fleisch salzen, pfeffern und mit Senf bestreichen. Öl im Bräter erhitzen und das Fleisch von allen Seiten kräftig anbraten. Halbierte Schalotten dazugeben. Mit Essig, Rotwein und einem Schuss Sojasauce ablöschen und einkochen lassen. Brühe nach und nach angießen und ebenfalls einkochen lassen. Am Schluss den Rest Brühe und die Sahne aufgießen, bis das Fleisch zur Hälfte bedeckt ist. Im Backofen bei 150 Grad 2½ Stunden oder bei 100 Grad 4–5 Stunden schmoren.

Dazu passen Kartoffelgratin und grüner Salat.

Fleischwurst asiatisch

5 Peperoni

1 TL grobes Meersalz

10 EL Reisessig

10 EL Wasser

10 EL Zucker

5 Knoblauchzehen

½ Ring Fleischwurst

Mehl

Butterschmalz

Weißbrot

Peperoni kleinschneiden und mit Meersalz im Mörser zerstoßen. Reisessig, Wasser und Zucker in einem kleinen Topf auf höchster Stufe sirupartig einkochen. Knoblauch hacken, in einer kleinen beschichteten Pfanne anbraten und mit der Peperoni-Salz-Mischung unter den Sirup mixen. Fleischwurst pellen, in Scheiben schneiden, in Mehl wenden und in Butterschmalz von beiden Seiten anbraten. Mit Chilisauce und Brot servieren.

Kräuter! Am Wegesrand gibt es für Hobbyköche echte Aroma-Schätze zu entdecken.

JÖRG HOHENADL –

LUST AUF LAND

Kräuterwind weht Westerwälder Imagestaub weg

Dass auf den „oh du schönen" Westerwälder Höhen der Wind so kalt pfeift, hat sich tief bei den Menschen eingeprägt. Jörg Hohenadl ist in der Gemeinschaftsinitiative „Wir Westerwälder" der drei Landkreise Altenkirchen, Neuwied und Westerwaldkreis für die Vermarktung der Region Westerwald zuständig und wollte dem angegrauten, unwirtlichen Westerwald-Image mal gehörig den Staub austreiben.

Erfolgreiches Projektsiegel

Nicht kalt sei der Wind, sondern grün und „kräuterfrisch"! So heißt auch das Projektsiegel, unter dem Jörg Hohenadl Westerwälder Manufakturen, Kräuterspezialisten, Gartenbaubetriebe, Gaststätten, Gärten und Tourismusanbieter zusammengebracht hat. Mit dem Regionalitätsgedanken inspiriert man sich dort gegenseitig: Der Gastronom nimmt den Westerwälder Edel-Schinken auf die Speisekarte und entlang des Westerwaldsteigs kann der geneigte Wanderer heimische Kräuter entdecken. Mit der Idee der Qualitätsmarke „Kräuterwind" hat Jörg Hohenadl voll ins Schwarze bzw. Grüne einer großen Zielgruppe getroffen. Die Lust aufs Land nehme stetig zu, beobachten alle Kräuterwind-Betriebe und verzeichnen steigende Besucher- und Verkaufszahlen.

Männliche Kräuterhexe

Globalisierung, Lebensmittelskandale und unwürdige Massentierhaltung haben die Menschen sensibilisiert. Man möchte wissen, woher das Fleisch stammt und wie das Getreide geschrotet und zum täglichen Brot gebacken wird. Das Westerwälder Kräuterwind-Projekt hat für die wachsende Schar der Landlustigen viel zu bieten: Wanderwege, Touren durch private und öffentliche Gärten, leckere Naturerzeugnisse wie Löwenzahnblütensirup oder wiederentdeckte Heilpflanzen wie zum Beispiel das Mädesüß, ein natürliches Schmerz- und Fiebermittel, das Salicylsäure enthält und zu Tee aufgebrüht nach Vanille und Honig duftet. Jörg Hohenadl lebt sein Projekt. Der Natur- und Genussmensch bezeichnet sich selbst als „männliche Kräuterhexe" und vermag es tatsächlich spielend, Menschen mit seiner Westerwald-Begeisterung anzustecken. Sicher wird auf Jörgs Initiative auch das Westerwaldlied noch kräuterfrisch umgedichtet werden …

www.kraeuterwind.de

Mystische Rezepte!

WENN ZAUBERSTAB UND KRÄUTERHEXE **AUFEINANDER TREFFEN ...**

Hier werden die besten Zutaten aus dem Westerwald vermixt. Nur die Zitrone stammt nicht aus heimischem Anbau.

Trilogie vom Bachsaibling

Trilogie Teil I:

1 großer Bachsaibling in zwei Hälften filetiert, mit Haut

1–2 TL feines Fleur de Sel

½ TL grober schwarzer Pfeffer

1 guter TL Honig

½ Bund frischer Gewürzfenchel

abgeriebene Schale einer Bio-Zitrone

für den Dip:

3 Eier

1 TL Dijon-Senf

50 ml Rapsöl

Saft und Schale einer Bio-Zitrone

1 Becher Crème fraîche

Salz, schwarzer Pfeffer, Zucker

1 Bund Schnittlauch

Mit Fenchel gebeizter Bachsaibling

Fenchelgrün fein hacken, mit den übrigen Zutaten zu einer Paste verrühren und die beiden Filetseiten damit bestreichen. Die beiden Seiten anschließend zusammenklappen und straff in eine Klarsichtfolie einwickeln. Diese wiederum in Alufolie wickeln und mit einem Holzbrett o.ä. beschwert 3 Tage im Kühlschrank durchziehen lassen. Den Fisch vor dem Anrichten auswickeln, die Beize etwas abstreifen und mit einem scharfen Messer hauchdünne Scheiben von der Haut abschneiden. Mit dem Schnittlauch-Zitronen-Dip anrichten.

Für den Dip die hartgekochten Eier halbieren. Eigelbe herauslösen und durch ein feines Sieb in eine Schüssel streichen. Mit einem kleinen Schneebesen das Öl langsam unterarbeiten, bis eine cremige Konsistenz erreicht ist. Dann den Senf, Crème fraîche, Zitronenschale und den Zitronensaft zugeben. Die Eiweiße ganz fein hacken und ebenfalls unter den Dip geben. Mit Salz, Pfeffer und Zucker abschmecken. Zum Schluss den fein geschnittenen Schnittlauch daruntergeben.

Der Dip passt zum gebeizten Bachsaibling wie auch zum Saiblingtartar.

Tartar vom Bachsaibling mit Kapuzinerkresse

Gut gekühlte Saiblingfilets fein würfeln, mit den übrigen Zutaten außer dem Zitronensaft gut durchmischen und abschmecken. Bis zum Servieren kalt stellen. Vor dem Servieren den Zitronensaft unterrühren und sofort anrichten.

Serviertipp: Küchen-Edelstahlringe auf den Teller setzen. Tartar einfüllen und mit einem Teelöffel sanft andrücken. Dann behutsam den Ring nach oben abziehen, so dass ein kleiner Turm stehen bleibt. Mit Kapuzinerkresseblüten dekorieren und mit dem Schnittlauch-Zitronen-Dip servieren.

Trilogie Teil II:

2 größere grätenfreie Filets vom Bachsaibling

1–2 TL fein gehackte Kapern

2 fein gehackte Gewürzgurken

1–2 kleine fein gehackte Schalotten

1–2 TL Dijon Senf

2–3 EL Kräuterwind Rapsöl

schwarzer Pfeffer, Salz

Saft und abgeriebene Schale einer ½ Zitrone

einige fein gewiegte Blüten und Blätter von Kapuzinerkresse

Trilogie Teil III:

2 Saiblingfilets mit Haut

Mehl

Butter

Salz, Pfeffer

frische grüne Erbsen (oder grüne TK-Erbsen)

1 Schalotte

1 Zweig frische Minze

Kräuterwind Rapsöl

Brühe

1 TL Crème fraîche

Auf der Haut gebratener Bachsaibling auf Erbsen-Minze-Püree

Schalotte schälen, fein hacken und in etwas Butter hell anschwitzen. Zur Seite stellen und warm halten.

Frische Erbsen in etwas Brühe 5–10 Minuten garen. Brühe abschütten und mit dem Zauberstab die Erbsen und die Crème fraîche mit der Schalotte und der fein gehackten Minze grob pürieren, so dass ein kompaktes, aber cremiges Püree entsteht. Mit Salz und Pfeffer abschmecken.

Die in ca. 5 cm Größe geschnittenen und portionierten Saiblingfilets salzen, pfeffern und die Hautseite bemehlen. Butter und Öl in der Pfanne erhitzen und die Saiblingfilets auf der Hautseite bei starker Hitze anbraten. Hitze sofort reduzieren und auf der Haut fertig braten.

Erbsen-Minze-Püree portionsweise auf Teller geben und den gebratenen Bachsaibling mit der knusprigen Hautseite nach oben daraufsetzen. Mit einem Minzeblatt garnieren.

Auf einem großen Teller alle drei Saiblinggerichte als Vorspeisen-Trilogie anrichten und servieren.

Gefüllte Calamari

4 Calamari-Tuben (geputzt)
1 Stück Parmesan
1 Möhre
1 Stück Fenchel
½ Stange Lauch
3–4 Knoblauchzehen
1 rote Zwiebel
300 g Blattspinat
200 g Reis

Reis nach Packungsangabe kochen. Zwiebel, Knoblauch, Möhre schälen und fein hacken. Fenchel und Lauch putzen und ebenfalls fein hacken. Gemüse in Butterschmalz andünsten, Spinat dazugeben und mitdünsten. Mit Salz, Pfeffer und Muskat würzen und alles zusammen mit dem geriebenen Parmesan unter den Reis heben.

Calamari putzen, abwaschen und abtupfen. Mit dem Gemüsereis füllen und mit einem Zahnstocher oder einer Rouladennadel verschließen. In einer Grillpfanne in Olivenöl von beiden Seiten braten. Mit frisch gehacktem Knoblauch servieren.

Restlichen Gemüsereis als Beilage reichen.

1–2 Welsfilets
10 dünne Scheiben Serrano-Schinken
4 getrocknete, eingelegte Tomaten
Salz, Pfeffer
4 EL Olivenöl
3 Zitronen
abgeriebene Schale von 2 Zitronen
1 Becher Sahne
1 Bund Frühlingszwiebeln
1 EL Instant-Gemüsebrühe
1 Schuss Weißwein

Wels im Serrano-Kleid mit Zitronensauce

Den Wels waschen und trockentupfen, mit Zitronensaft und Salz würzen. Den Fisch in Portionsstücke teilen und zusammen mit einer eingelegten Tomate mit dem Schinken umwickeln. In der Pfanne mit heißem Olivenöl von jeder Seite 2–3 Minuten braten.

Für die Zitronensauce die Frühlingszwiebeln putzen und kleinschneiden, in Olivenöl anbraten, die restlichen Zutaten dazugeben und 5 Minuten köcheln lassen. Dazu passen Weißbrot, Kartoffeln oder Reis.

Dorade provençale

(für 2 Personen)

1 Dorade, küchenfertig

Salz, Pfeffer

4 Knoblauchzehen

4 Zwiebeln

500 g Tomaten

1 gelbe und 1 rote Paprika

Olivenöl

100 g schwarze Oliven

frische Kräuter: Salbei, Rosmarin, Thymian

1/8 Liter Roséwein

Dorade abwaschen, trocken tupfen, salzen und pfeffern. Knoblauch und Zwiebeln schälen und in Scheiben schneiden. Tomaten häuten, vierteln, Stielansatz und Kerne entfernen. Paprikaschoten putzen und Fruchtfleisch in dünne Scheiben schneiden. Gemüse mit Olivenöl, einer großzügigen Menge frisch gemahlenem Pfeffer und Salz vermischen und in eine feuerfeste Form geben. Grob gehackte Kräuter, Oliven und Roséwein dazugeben. Dorade auf das Gemüsebett legen und mit Öl beträufeln. 15 bis 20 Minuten im Backofen garen. Dazu passen Ofenkartoffeln oder Weißbrot.

**Die Namensgleichheit ist nicht zufällig. Jörg ist Ute Wengenroths großer Bruder.*

SIMONE UND JÖRG WENGENROTH –

VON „STEAK-HOLDERN" UND GENUSSSCHEINEN

Finanzmakler Jörg Wengenroth investiert in gutes Fleisch.

Jörg Wengenroth* ist Vermögensberater und Experte für Altersversorgung. Da gehören Aktienkurse, Inflationsraten und Rentabilitätsberechnungen zum täglichen Geschäft. Während er sich beruflich so richtig für Geldanlagen erwärmt, brennt er privat besonders für gegrilltes Fleisch. BBQ statt BSP. DAX ist gut – Lachs vom Grill noch besser.

Genuss lohnt sich

Natürlich ist dem Diplom-Kaufmann der Stakeholder-Ansatz sehr geläufig; nach Feierabend dient wiederum ein vierflammiger Gasgrill als „Steak-Holder". Lammfilets, Rumpsteak, Entenbrust – bei Jörg müssen es die fleischlichen Genüsse sein. Seine Währung bemisst sich in „Gramm Angusrind". Beruhigend, dass seine Frau eine prima Köchin – und keine Vegetarierin ist! Essen ist nicht der einzige Lebensinhalt des vielseitig interessierten Westerwälders – wichtig ist es ihm aber durchaus. So wie seine Hobbies Klavierspielen und Handball. Gerade hat er mit seinem Verein den ersten Platz der Landesliga errungen. Der Kreisläufer setzte gleich zu Beginn der Saison auf Sieg; die hinteren Plätze überlässt er gerne den anderen. Aufwand und Ertrag bzw. Chancen und Risiken müssen bei einem Kaufmann eben im Verhältnis stehen.

Vinologisch vorgesorgt

Für die Altersvorsorge seiner Kunden empfiehlt er langfristig profitable Anlageformen. Was hält er von der Investition in Nahrungsmittel, etwa in rare Bordeaux-Weine oder Bio-Bauernhöfe? „Unabhängig von der Branche: Die Rendite muss stimmen." Und manchmal sei es besser, sich im Hier-und-Jetzt eine teure Bouteille zu gönnen und sie mit Freunden zu genießen als auf deren Wertsteigerung in der Zukunft zu spekulieren. „Man lebt nur einmal", meint Jörg Wengenroth. Darauf, dass er auch im Alter noch das eine oder andere Fläschchen seines österreichischen Lieblingsweines Zweigelt öffnen kann, hat er seine persönliche Anlagestrategie ausgerichtet – Genussscheine inklusive!

Ente gut alles gut!

ENTENBRUST BEI NIEDRIGER TEMPERATUR GEGART. **ZARTER GEHT NICHT.**

3 Entenbrustfilets

6 Orangen

Orangensaft

400 ml Sahne

Orangenlikör oder Aprikosenbrandy

Salz, Pfeffer, Curry, Paprikapulver, Chilipulver

Für das Buttergemüse:

ca. 1 kg Gemüse (Möhren, Zuckerschoten, Erbsen etc.)

Salz

Butter

Beschwipste Flugente à l'orange

Entenbrustfilets auf der Fettseite rautenförmig einschneiden. Überschüssiges Fett am Rand entfernen. Filets in der Pfanne von beiden Seiten scharf anbraten (Fettseite 8 Minuten, Fleischseite 4 Minuten). Filets in Alufolie einwickeln und im Backofen bei 80 Grad 20 Minuten ruhen lassen. Orangen schälen und filetieren. Saft auffangen. Überschüssiges Bratfett bis auf ca. 2 EL aus der Pfanne entfernen und diese mit Sahne und Orangensaft ablöschen. Alles cremig einkochen lassen und mit Orangenlikör und Gewürzen abschmecken. Zum Schluss die filetierten Orangenspalten hinzugeben und im Sud erwärmen.

In der Zwischenzeit Gemüse waschen und kleinschneiden, ca. 5 Minuten blanchieren. Butter in einer Pfanne zerlassen und das Gemüse darin schwenken. Dazu Basmatireis und Feldsalat reichen.

Alle Kuchen und Torten im Hofcafé sind mit Liebe und Leidenschaft hausgemacht.

PETRA UND BERND SCHNEIDER –

DIE TORTEN-SCHLUCHT

Das Hofcafé an der Holzbachschlucht ist für seine Torten berühmt

Ohne Stachelbeerbaiser- und Sauerrahmtorte geht gar nichts. Für diese beiden Bestseller stehen die Stammgäste des romantischen Hofcafés im Hofgut Dapprich Schlange. Auch die zahlreichen anderen Torten und Kuchen werden Petra Schneider an sonnigen Wochenendtagen nur so aus der Hand gerissen. Kein Wunder, denn so richtig gute Torten nach Hausfrauenart sind heutzutage ja zur echten Rarität geworden. Petra backt zusammen mit ihren fleißigen Zuckerbäckerinnen alle süßen Wunderwerke von Grund auf selbst. Von ihrer Schwiegermutter hat sie viele Tricks und Kniffe gelernt und auch ein paar Rezepte übernommen. Bei ihr kommen grundsätzlich keine Backmischungen in die Rührschüssel – nur frische, beste Zutaten aus der Nachbarschaft des Hofgutes Dapprich an der Holzbachschlucht.

Das Sahnehäubchen des Tages

Das einsam und idyllisch im Wald gelegene Hofgut wurde bereits 1212 urkundlich erwähnt. Jakob Schneider hat es im Jahr 1831 dem Herzog von Nassau abgekauft – und so ist es heute noch im Besitz der Familie Schneider. In den neunziger Jahren haben sich Bernd und Petra Schneider von der Milchkuh- und Muttertierhaltung getrennt und sind auf Gastronomie und Tourismus umgestiegen. Mittlerweile sind ihre eigenen Kinder schon groß und schätzen wie ihre Eltern das idyllische Leben im Wald. Der Westerwaldsteig liegt vor der Haustür und zieht viele Tagestouristen zum Wandern an. Und was gibt es Schöneres als nach dem Hohen Hahnscheid (423 Meter über NN) auch noch einen Sahneberg zu bezwingen?

Das Herzhafte zur Vesper

Schneiders sind Gastgeber aus Leidenschaft. Früher wurde das Café als Geheimtipp unter Wanderern gehandelt, heute hat es sich bis Koblenz, Frankfurt und Siegen herumgesprochen, dass hier noch die gute, alte Backtradition gelebt wird. Wer's lieber herzhaft mag, wählt Handkäs' mit Musik oder die Hausmacherwurstplatte mit selbstgebackenem Dinkel-Nuss-Brot. Hauptsache, man bekommt ein wenig Abstand zum Alltag, finden Petra und Bernd. Und das Kaffee- und Kuchenritual sei die allerbeste Art, mal kurz einzuhalten, seinen Lieben von den Erlebnissen und Sorgen des Tages zu berichten – um dann wieder gestärkt weiterzuziehen.

Willkommen!

DER SCHNEIDER-SITZ AM **RAUSCHENDEN BACH.**

Der Westerwaldsteig führt bei Schneiders direkt an der Gasthaustür vorbei.

Westerwälder Pflaumenmustorte

Für den Knetteig:

250 g Mehl

1 Päckchen Backpulver

2 Päckchen Vanillezucker

150 g Schmand

175 g Butter

Für die Streusel:

150 g Mehl

75 g Zucker

1 Päckchen Vanillezucker

100 g Butter

Zimt

Für die Füllung:

1 L Sahne

100 g Zucker

2 Päckchen Sahnesteif

Zimt

Pflaumenmus

Alle Zutaten für den Knetteig bei gleichmäßig kühler Temperatur zügig zu einem Knetteig verarbeiten und in vier gleiche Portionen teilen. Vier Springformen mit Backpapier auslegen, je eine Teigportion hineingeben und ausrollen.

Die Streuselzutaten gut verrühren, feine Streusel herstellen und auf dem ausgerollten Knetteig verteilen. Alles bei 200 Grad ca. 15 Minuten abbacken, danach sofort aus der Form lösen und abkühlen lassen. Einen noch warmen Boden in 12 Tortenstücke schneiden.

Für die Füllung die übrigen 3 Böden mit Pflaumenmus bestreichen. Die fest geschlagene Sahne in einen Spritzbeutel füllen und in enger Spirale auf den ersten Boden spritzen. Mit Zimt bestreuen. Den nächsten Boden darauf setzen und das Ganze wiederholen. Zum Schluss den letzten bereits geschnittenen Boden als Abschluss verwenden.

Die Torte am besten mindestens drei Tage durchziehen lassen.

www.hofgut-dapprich.de

SCHNEIDERS LIEBEN DAS NACHMITTÄGLICHE **KUCHEN-RITUAL ...**

Bei Kaffee und Torte kommt die Familie zusammen, bespricht die Pläne für den Rest des Tages **– und geht gestärkt weiter.**

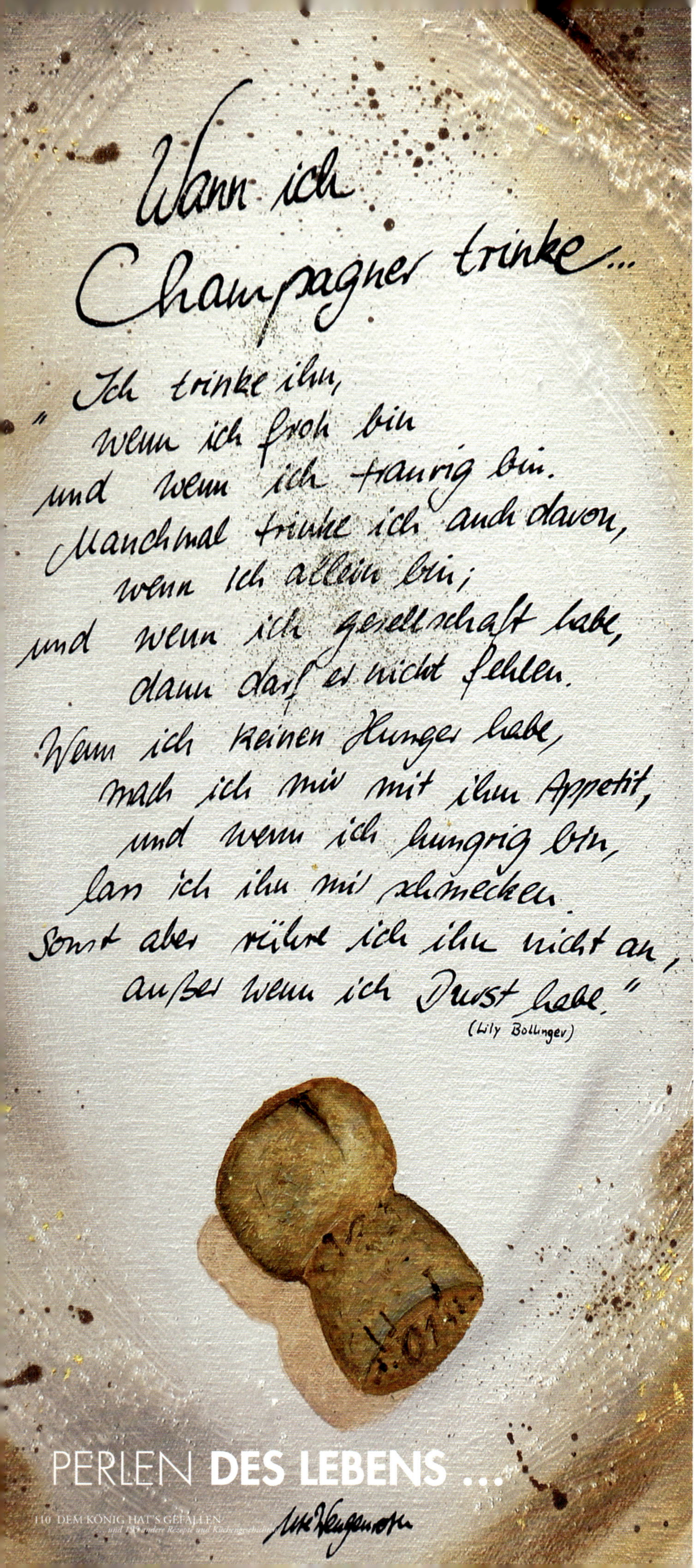

Hiltrud Braun und Karl Nießler lassen gerne mal auf stilvolle Weise die Korken knallen.

HILTRUD BRAUN UND KARL NIESSLER –

EXPERTEN FÜR LIQUIDES

Wie selbst Steuer- und Insolvenzrecht prickelnd sein kann

Staubig ist beim Fachanwalt für Steuer- und Insolvenzrecht Karl Nießler und seiner Lebensgefährtin Hiltrud Braun noch nicht einmal der Champagner *sans dosage,* der edle Schaumwein ohne Beigabe einer süßenden *liqueur d'expédition.*

Champagnerfreunde

Die beiden bekennenden Gourmets und Champagnerfreunde arbeiten Büro an Büro in der Limburger Rechtsanwaltspraxis und lieben ihren Beruf, den sie mit Leidenschaft ausführen und überhaupt nicht als trocken empfinden. Schon als Abiturient wusste Karl Nießler, dass er Anwalt werden wollte, und wendet sich auch heute noch jedem Fall mit größtem Interesse und Engagement zu. Genau so offen ist er bei seinen fünf anderen Lieblingsthemen: Lesen, Feinschmeckerei, Kunst, Reisen und Tauchen. Schön, wenn man seine Leidenschaften verbinden kann wie beim Atelierbesuch eines Allgäuer Treibholz-Künstlers oder auf der Kasseler Documenta, in den Garküchen Kambodschas, am Korallenriff vor Mauritius oder auch bei einer Weinprobe im Rheingau.

Cuvée – die Mischung macht's

Überall auf der Welt schätzen Hiltrud Braun und Karl Nießler die guten Zutaten und den Genuss-Akkord zwischen Menu und Wein bzw. seinem prickelnden Bruder Champagner. Deshalb stehen auch regelmäßig Reims und Umgebung als Reiseziel auf der Agenda. Von dort bringen die beiden Gourmets und ausgezeichneten Hobbyköche ausgefallene Bouteillen mit, wie zum Beispiel einen Blanc de Blancs von Philippe Gonet aus Mesnil-sur-Oger, dessen Chardonnay für die Cuvée „3210" ausschließlich in Grand Cru-Parzellen reifte. Zu dem hier vorgestellten Thunfisch-Trüffel die allererste Wahl. Zu kräftigeren Aromen darf es auch mal ein „Reserve Premier Cru" vom Champagnerhaus Hamm in Ay sein. Hier geben die körperreichen, intensiven Aromen der Pinot noir-Traube den Takt an. Lassen Sie sich von Karl Nießler beraten, wenn es an Flüssigem mangelt. Er hat da gute juristische und kulinarische Konzepte …

DAS GESCHMACKSGEHEIMNIS LIEGT IN DER **HOHEN QUALITÄT DES THUNFISCHS.**

Schöner kann man sich aus der Küche gar nicht grüßen lassen als mit Karl Nießlers Amuse gueules.

MANCHMAL MUSS ES EBEN *Champagner* SEIN ...

Zwei Grüße aus der Küche

400 g Thunfisch (Sushi-Qualität)

jeweils 3 EL weißer Sesam, schwarzer Sesam, Kokosraspeln

1 Bund Schnittlauch

1 TL Schokoladensalz (kann man mit Meersalz, Kakaopulver, Vanille und Piment auch selbst anmischen)

Olivenöl

1 Limone

Meersalz

schwarzer Pfeffer

2–3 EL gehackter Koriander

1 Schuss Gin

Olivenöl

evtl. 1 Avocado

Thunfisch-Trüffel:

Thunfisch in gleichmäßige, eiswürfelgroße Stücke würfeln (Reststücke für das Thunfisch-Amuse gueule aufbewahren). Fischwürfel mit Limonensaft, Salz und Pfeffer würzen. Würfel in einer heißen Pfanne mit Olivenöl 1 Minute von nur einer Seite anbraten.

Schnittlauch in feine Röllchen schneiden. Weißen und schwarzen Sesam, Kokosraspeln und Schokoladensalz einzeln auf flache Teller streuen. Die Thunfischwürfel in jeweils nur einer Zutat wenden und sofort servieren.

Amuse gueule – Karl Nießler weiß aufs Vortrefflichste, den Gaumen zu amüsieren.

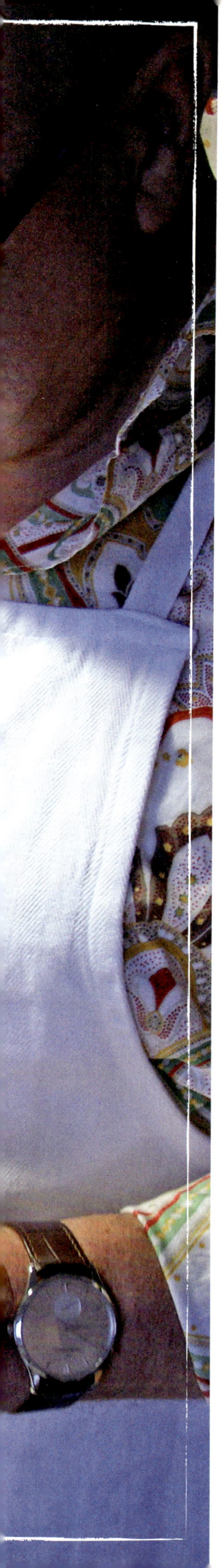

Thunfisch-Amuse gueule

Die Reststücke vom Thunfisch zu einem feinen Tartar schneiden. Grobes Meersalz, langen indonesischen Pfeffer (ersatzweise: schwarzen Pfeffer) aus der Mühle, frischen, fein gehackten Koriander, Limonensaft und Gin auf den Thunfisch geben. Leicht durchmischen, kurz ziehen lassen, auf schönen Löffeln anrichten und mit Korianderblättchen garnieren.

Auch schön: Auf einem Avocadostück servieren.

Dazu muss es einfach Champagner sein!

ALINE UND DOMINIK KAISER –

KAISERREICH MIT BURGBLICK

Harmonischer Schwung – das berufliche und private Motto der Kaisers

Aline und Dominik sind ein eingespieltes Küchenteam.

Dynamisch begann bereits die Liebesgeschichte zwischen den Kaisers. Dominik verdiente sich sein Betriebswirtschaftsstudium als Trainer im Sportstudio, in dem sich die attraktive Friseurmeisterin Aline fit hielt. Auffällig oft ließ sich Dominik von da an Nachschneidetermine geben und verlangte nach Pflegespülungen mit sehr langer Einwirkzeit.

Herzstück des Hauses

Die clevere Eroberungsstrategie ist aufgegangen, mittlerweile haben die beiden die Klippe des siebten Ehejahres bereits erfolgreich übersprungen und zwei Kinder bekommen. Das chice Eigenheim hat der Hausherr selbst entworfen, ganz ohne Architekt. Auf Wunsch seiner Frau hat Dominik die 47 Quadratmeter große Küche als Herzstück des Hauses angelegt, von der aus man innen zu allen Räumen – und nach draußen durch die breiten Fensterfronten auf die Runkeler Burg blicken kann. Bei dieser Aussicht fühlte sich das Runkel-Dehrner Paar natürlich sofort heimisch. In der großen Wohnküche steht auch eine riesige Bank mit Esstisch für Tafelrunden mit Familie und Freunden. Aline hat Dominik darüber hinaus die komplette künstlerische Freiheit beim Hausentwurf gelassen und ist sehr stolz auf den Ideenreichtum ihres Mannes und auf das Endergebnis. Seine Kreativität lebt der „Dehrner Bub" ansonsten vor allem bei seinem Limburger Arbeitgeber Harmonic Drive aus, wo er die Kommunikations- und Marketingabteilung leitet.

Nach unserer Façon

Aline, die wie ihre Zwillingsschwester in vierter Familiengeneration Friseurmeisterin ist, arbeitet drei Tage im elterlichen Betrieb in Frankfurt und baut parallel noch ihren eigenen Salon in Runkel auf. Frisuren sind ihre Leidenschaft, und sie könnte sich gar nicht vorstellen, etwas anderes zu machen. Wenn zwischen den verantwortungsvollen Berufen und gemeinsamen Familienaktivitäten noch Zeit ist, kochen die beiden zusammen. Sie sind ein eingespieltes, gleichberechtigtes Team mit klar verteilten Aufgaben. Reibungslos wie ein Harmonic Drive-Getriebe zaubert das Paar etwas Leckeres auf die Teller – von Dominik optisch ansprechend präsentiert. Der „harmonische Schwung" im Firmennamen seines Arbeitgebers scheint auch privat zum Lebensmotto geworden zu sein.

DIE LIEBESGESCHICHTE DER KAISERS BEGANN **DYNAMISCH IM SPORTSTUDIO.**

Mit zwei Kindern und dem neuen Haus **bleiben sie auf jeden Fall „in motion“.**

Test-Esser
gesucht!
SAUCEN WOLLEN **GUT ABGESCHMECKT SEIN ..**

Kaiserschotengemüse mit Steinpilzrisotto

300 g Steinpilze
10 g getrocknete Steinpilze
400 g Risottoreis (z. B. Arborio)
1 Zwiebel
1½ L Gemüsebrühe
1 haselnussgroßes Stück Ingwer
200 ml Weißwein
Sojasauce
400 g Zuckerschoten
2 EL Butter

Zwiebel und Ingwer schälen und würfeln. In etwas Butter anbraten; unter ständigem Rühren den Reis darin glasig dünsten. Gemüsebrühe nach und nach dazugeben und den Reis quellen lassen. Zum Schluss den Wein dazugeben. Flüssigkeit verkochen lassen, bis der Reis bissfest ist.

Kaiserschoten längs in sehr feine Streifen schneiden und kurz in der Pfanne in Butter schwenken. Mit Salz und Pfeffer würzen.

Risotto mit Sojasauce abschmecken und mit den Kaiserschoten anrichten.

Putenstreifen mit Curry-Pfirsich-Sauce

1 Stück Ingwer

2 Frühlingszwiebeln

1 Zwiebel

200 ml Sahne

Curry

Chili

Salz, Pfeffer

Sojasauce

1 kg Putenschnitzel

2 reife Pfirsiche

Olivenöl

Ingwer, Zwiebel schälen und würfeln. Frühlingszwiebel in feine Ringe schneiden. In Olivenöl glasig dünsten. Putenfleisch in Streifen schneiden und mitdünsten. Mit Salz, Pfeffer, Chili und Curry scharf würzen. Pfirsiche schälen, entkernen und in dünne Scheiben schneiden. Vorsichtig unterheben, mit Sahne ablöschen und ca. 10 Minuten köcheln lassen. Mit Sojasauce abschmecken.

Dazu passen: Baguette und Blattsalate.

Itzigs eingelegte Champignons

Champignons

Zwiebeln

kräftige Hühnerbrühe

schwarzer Pfeffer

Salz

Kurkuma

Champignons putzen, halbieren und blanchieren. Gehackte Zwiebeln in Öl für ca. 2 Minuten anbraten, Hühnerbrühe angießen und mit Kurkuma und Pfeffer würzen. Die Champignons dazugeben, abschmecken und heiß servieren.

Spaghetti mit Korianderpesto

Korianderblätter, Mandeln, geschälten Knoblauch und geschälten Ingwer in einer Küchenmaschine pürieren.

Das Korianderpüree in einer beschichteten Pfanne erhitzen. Sahne, Gemüsebrühe und Zitronensaft dazugeben und köcheln, bis sich die Menge etwas reduziert hat. Spaghetti bissfest kochen, abgießen und zum Pesto geben. Mit Salz und Pfeffer abschmecken.

Dazu passen Blattspinat und gebratene Garnelen.

1 Bund frischer Koriander

4 EL Olivenöl

4 EL geröstete und gesalzene Mandeln

2 Knoblauchzehen

½ Zitrone

Ingwer

100 ml Sahne

Salz, Pfeffer

100 ml kräftige Gemüsebrühe

400 g Spaghetti

www.hachenburger.de

Prost!

EIN **KÜHLES BIER ZUM** REIBEKUCHEN – UND ALS RAFFINIERTE **ZUTAT DARIN!**

JENS GEIMER –

PROST MAHLZEIT!

Bei Jens Geimers Kochqualitäten ist Hopfen und Malz noch lange nicht verloren

Jens Geimer ist Geschäftsführer und Mitinhaber der „Westerwald-Brauerei H. Schneider" und stellt die fünfte Generation des Familienunternehmens. Nicht nur, weil er quasi in der Branche aufgewachsen ist, fühlt er sich am rechten Platz. „Ich liebe Bier. Und den Westerwald." Das sind zwei gute Voraussetzungen, um den Chefposten in der Hachenburger Brauerei erfolgreich zu erfüllen.

Charakterstark

Sein Lieblingsbier ist das Hachenburger Pils mit 100 Prozent Aromahopfen. Der Braumeister hat im letzten Jahr die neue Rezeptur in enger Abstimmung mit Jens Geimer entworfen. „Der Geschmack des Westerwalds" ist dieses Pils für den jungen Brauerei-Chef. Er ist ein Verfechter der deutschen Biervielfalt und der unterschiedlichen Brautraditionen. Er hat in Norddeutschland studiert und sieben Jahre in der Bierhochburg München gelebt – ist aber im Herzen und von der Bierpräferenz her immer ein echter Westerwälder geblieben. „Ich möchte nicht mit Brauereien tauschen, die den Geschmack aller Deutschen treffen müssen. Da kann ja nur Massenware herauskommen. Lieber ein charaktervolles Bier, das den Geschmack seiner Heimat trifft."

Ausbaufähig

Jens Geimers Managementqualitäten werden hoch gelobt – seine Kochkünste sind allerdings noch ausbaubar. Bisher war sogar ein hart gekochtes Ei eine kulinarische Herausforderung. Kein Problem für Jens. Die Gasthäuser der Umgebung – allesamt Kunden der Hachenburger Brauerei – versorgten ihn so gut, dass er tatsächlich bei der Planung seines neuen Zuhauses kurz überlegt hat, auf eine Küche zu verzichten. Es kam anders, auch weil der Kühlschrank für das Bier sonst so einsam angeordnet gewesen wäre.

Talentvoll

Schrittweise nähert er sich nun den Pfannen und Töpfen – und stellt sich recht geschickt an. „Hopfen und Malz sind bei Jens keineswegs verloren", bestätigt auch Ute Wengenroth, unter deren Anleitung er das nebenstehende Gericht zubereitet hat. Sein Talent scheint einfach noch nicht ganz ausgegoren zu sein … Hobbyköche brauchen wie Qualitätsbier aus dem Westerwald eine wohl dosierte Reifezeit.

Reibekuchen mit Weizenbier

2 kg vorwiegend festkochende Kartoffeln

3 EL Mehl

1 Zwiebel

5 Eigelb

2 EL Haferflocken

1 TL Salz

etwas Muskat

Rapsöl

2 EL Weizenbier

Die Kartoffeln schälen, waschen, reiben und kurze Zeit stehen lassen. Die Zwiebel ebenfalls reiben und zusammen mit Eigelb, Haferflocken, Bier, Muskat und Salz unter die Kartoffeln rühren.

Das Öl in einer Pfanne erhitzen und den Teig esslöffelweise hineingeben, flach drücken und von beiden Seiten goldbraun braten. Die fertigen Reibekuchen auf ein Stück Küchenpapier legen, um das überschüssige Fett aufzusaugen. Noch heiß servieren und dazu nach Wunsch Rübenkraut oder Apfelmus reichen.

Jens [illegible]er hat als Verstärkung die Haus- und Hofköchin der Hachenburger Brauerei Brigitte Meyer-Fitzke mitgebracht:

„MEIN LEBEN IST WIE EIN SCHNELLKOCHTOPF:
EINMAL KOMMT ER ZUM ÜBERLAUFEN.“

1 Schweinefilet

5–6 große Wirsingblätter

1 grobe Bratwurst

3 Gemüsezwiebeln

1 Flasche Malzbier aus der Hachenburger Brauerei

½ L Fleischbrühe (selbstgemacht)

Salz, Pfeffer

Muskat

250 g Kartoffeln

250 g Saubohnen (tiefgefroren)

3 EL Butter

Schweinefilet im Wirsingmantel mit Malzbiersauce und Saubohnenpüree

Kohlblätter blanchieren, Fleisch mit Salz und Pfeffer würzen und von allen Seiten in Butter scharf anbraten. Bratwurst häuten, Wurstbrät auf das Filet geben und mit den Wirsingblättern umwickeln.

Mit Hilfe von Küchengarn festknoten und im Dampfgarer ca. 20 Minuten garen.

Zwiebeln schälen, in Stifte schneiden und in Butter glasig dünsten. Fleischbrühe angießen und Flüssigkeit reduzieren lassen. Malzbier nach und nach dazugeben und ebenfalls reduzieren.

Mit Salz und Pfeffer würzen.

Kartoffeln schälen und grob würfeln. In Fleischbrühe zusammen mit den Saubohnen weich kochen. Mit Salz, Pfeffer und frisch geriebenem Muskat würzen. Gemüse fein pürieren.

Püree mit Schweinefiletscheiben und einer großzügigen Portion Sauce heiß servieren.

Dazu passen grüne Bohnen.

JENS GEIMER **HOPFT NUR DAS BESTE.**

Er liebt das Bier, das nach seiner Heimat, dem Westerwald, schmeckt.

Richtig gewickelt!

IN HARMONISCHER **KÜCHENEINTRACHT ...**

Nur wenn **Bayern München** und die **Frankfurter Eintracht** aufeinandertreffen, können sich mal die Fronten verhärten.

TANJA UND THOMAS MEISTER –

DEUTSCHE MEISTER

Bayerische Knödel gegen Frankfurter Würstchen

Am meisten macht es Spaß, wenn man die notwendige Zeit und Muße hat zum Kochen.

Das große gemeinsame Thema der Familie Meister heißt Fußball. Glück für Thomas, dass er eine fußballbegeisterte Frau gefunden hat. Dass ihr Herz nicht für seine Bayern aus München schlägt, sondern für die Frankfurter Eintracht, nimmt er mittlerweile gelassen hin. Lediglich an Spieltagen, an denen beide Vereine aufeinandertreffen, können sich schon mal die Fronten verhärten. Einig sind sich die beiden aber in ihrer beruflichen Ausrichtung.

Fußball begeistert

Thomas Meister betreibt einen Fachhandel für Filtrationstechnik in Elz, wobei ihn seine Frau tatkräftig unterstützt. Tanja übernimmt auch den Mittagstisch. Für die drei fußballbegeisterten Söhne muss mittags immer gekocht werden, am liebsten Fleisch mit Sauce. „Dieses tägliche Kochen unter Zeitdruck macht natürlich nicht so viel Spaß wie die Kochevents mit Familie und Freunden", erzählt Tanja. Eltern und Söhne kochen alle sehr gerne. Beim Aufräumen mauern die Herren allerdings manchmal, bis Tanja die rote Karte zückt. Gerne essen die fünf Fleisch mit Knödeln – so wie es sich gehört für „Deutsche Meister". Ob dazu Frankfurter Äppelwoi oder Münchner Weißbier aufgetischt wird, hängt von der aktuellen Bundesligatabelle ab.

Gib Gas!

Spießbraten mit Brezenknödeln und Pilzpfanne

ca. 2 kg Spießbraten (vom Metzger mit Zwiebeln gefüllt, aber ohne Spießbratengewürz)

200 g Austernpilze

200 g Samthaube

200 g Shiitake

300 g braune Champignons

1 Zwiebel

Sahne

Petersilie

Salz, Pfeffer

Für die Brezenknödel:

4–6 Brezel oder Brötchen

200 ml Milch

1 Zwiebel

100 g durchwachsenen Speck

1 Bund Petersilie

3 Eier

Salz, Pfeffer, Muskat

Den vom Metzger vorbereiteten Spießbraten mit Salz und Pfeffer würzen und mit neutralem Öl im Bräter rundum scharf anbraten. Danach für etwa 2 Stunden in den auf 150–180 Grad vorgeheizten Backofen geben.

Die Pilze putzen, würfeln und in heißem Öl anbraten. Die Zwiebel schälen, fein würfeln und zu den Pilzen geben. Mit Salz und Pfeffer würzen, Sahne angießen und garen lassen.

Für die Brezenknödel die Brezel in dünne Scheiben schneiden und mit der erwärmten Milch übergießen. Den Speck fein würfeln und anbraten, später die gehackte Zwiebel dazugeben und glasig dünsten. Abkühlen lassen. Die Petersilie fein hacken und mit der abgekühlten Speck-Zwiebelmischung und den Eiern zu den Brezeln geben. Alles verkneten und mit Salz, Pfeffer und Muskat abschmecken. Aus der Masse 12 Knödel formen und ca. 15 Minuten im Salzwasser garen lassen.

Meisterhafter Zwetschgen-Crumble

250 g Zwetschgen

150 g Mehl

100 g Zucker

100 g Butter

1 Beutel Vanillezucker

Zimt

Salz

Die Zwetschgen entsteinen und vierteln. Mit Zimt und Zucker bestreuen.

Für den Teig zuerst den Zucker mit der Butter verrühren und nach und nach das Mehl, den Vanillezucker und eine Prise Salz dazugeben.

15 Minuten im auf 180 Grad vorgeheizten Ofen backen.

Handkäs' zum Dahinschmelzen

250 g Handkäs' (Harzer Käse)

1 Stich Butter

250 g Quark

100 ml Sahne

Salz, Pfeffer

1 TL Paprikapulver

1–2 TL Kümmel

1 Schuss Weißwein
(z. B. Fränkischer Silvaner)

Harzer Käse grob würfeln und zusammen mit allen Zutaten unter s:ändigem Rühren in einer beschichteten Pfanne schmelzen lassen.

Entweder in Gläser füllen und kalt zum Abendbrot servieren. Oder direkt aus der Pfanne auf geröstetes Brot gleiten lassen. Eventuell mit Zwiebelringen und Tcmaten anrichten.

Seeteufel mit Zitronen-Pfeffer-Sauce

300 g Seeteufel
6 Jakobsmuscheln
150 g Paksoi oder Mangold
3 Frühlingszwiebeln
1 TL Butter
4 Limettenblätter
100 ml Hühnerbrühe
Gemüsebrühe
1 Stange Zitronengras
1 Zitrone
Salz, Pfeffer, Muskat
2 cm Ingwer
1 TL frischer grüner Pfeffer
Olivenöl
Sahne
Speisestärke

1 Frühlingszwiebel in Würfel schneiden und in Butter andünsten. Limettenblätter zugeben und mit der Hühnerbrühe aufgießen. Das Zitronengras schälen, fein hacken und mit der abgeriebenen Schale einer Zitrone sowie dem Zitronensaft zur Sauce geben. Einreduzieren lassen, salzen und pfeffern. Am Schluss Ingwer, grünen Pfeffer und eine fein gehackte Frühlingszwiebel zugeben, mit einem Schuss Sahne und 1 TL Speisestärke binden. Danach die Limettenblätter entfernen.

Beim Seeteufel den Knochen herauslösen und das Fleisch ebenso wie die Jakobsmuscheln in dünne Scheiben schneiden. Beides in heißem Olivenöl von beiden Seiten etwa 1 Minute braten. Salzen und pfeffern.

150 g Paksoi oder Mangold waschen, die einzelnen Blätter in 1 EL Olivenöl zusammen mit einer fein gehackten Frühlingszwiebel andünsten. Mit Salz, Pfeffer, frisch geriebenem Muskat würzen und in etwas Gemüsebrühe für einige Minuten bissfest garen.

Fisch mit Sauce und Gemüse auf einer vorgewärmten Platte anrichten und mit Reis oder Baguette servieren.

LILO FEDERHOFER-FANTE UND THOMAS FANTE –

DER GUTE GEIST DES KOCHBUCHS

Essenzen des Edelbrandsommeliers Thomas Fante

** Edelbrände werden aus der reifen Frucht durch alkoholische Gärung ohne Zugabe von Süßungsmitteln oder anderen Zusatzstoffen hergestellt. Früchte und Nüsse, die sich wegen ihres geringen Zuckeranteils nur bedingt zum Einmaischen und Brennen eignen, werden in hochprozentigen Alkohol eingelegt. Der Alkohol, der nun die Aromen der Früchte enthält, wird in der Brennblase erhitzt und zum Geist destilliert.*

Übrigens lagert man Brände ausschließlich aufrecht stehend bei Zimmertemperatur. Serviert werden sie bei ca. 18–20 Grad, d.h. man sollte sie in der warmen Jahreszeit zum perfekten Genuss kurz etwas kühlen.

Edelbrand-Empfehlungen finden Sie auf www.ute-wengenroth.de

Weinsommeliers gibt es viele – Edelbrandsommeliers sind selten. Der gebürtige Franke Thomas Fante hat seine neue Heimat in Hadamar bei Limburg gefunden und ist im weiten Umkreis derzeit der einzige seines Fachs. In Österreich hat er sich zum „zertifizierten Edelbrandsommelier" ausbilden lassen und kann uns den Unterschied zwischen Brand und Geist anschaulich erklären und auch Tipps zur Lagerung von Hochprozentigem geben.* Sein Herz schlägt für Brände aus alten Obstsorten oder Geiste aus ungewöhnlichem Beerenobst.

Oberbrandmeister

Sein Erweckungserlebnis und Fall ins Destillatparadies hatte mit Äpfeln zu tun: Thomas Fante nahm erstmals wahr, welche unterschiedlichen Aromen verschiedene Apfelsorten und ihre Brände entfalten – und wollte mehr über die alte Brennerhandwerkskunst erfahren. Nase und Gaumen wurden dann während der Ausbildung unter fachkundiger Anleitung richtig geschult. Größten Spaß bereitet es Thomas, das passende Hochprozentige zum jeweiligen Menugang aufzutischen. Damit dies ein hundertprozentiger Geschmackserfolg wird, muss man viel Fingerspitzengefühl und Kenntnis über die Aromen mitbringen. Thomas Fante hat all dies und darüber hinaus kennt er auch die Adressen der besten Brennereien in den Obstgebieten wie dem Elsass, Südtirol, Franken oder dem Schwarzwald.

Genussstifter

Thomas trägt insofern nicht nur die mit seiner Frau Lilo gekochten fränkischen Traditionsgerichte zum Kochbuch bei, sondern auch einige Brand- bzw. Geisterempfehlungen zu den Gerichten. Sein Traum ist es, mal eine eigene Streuobstwiese mit Apfel-, Birnen- und Zwetschgenbäumen sowie eine eigene kleinere Brennerei zu haben … und mehr Aufmerksamkeit in der Gourmetszene für das edel Gebrannte. Nicht nur als schneller Rachenspüler nach dem Essen, sondern als eigener Genussstifter, als Kochzutat, als Getränk zum Essen oder einfach mal so. Wichtig, so Thomas Fante, ist es, sich dem Destillat ganz bewusst hinzugeben und zu genießen. Fast schon eine spirituelle Art, den Trinkspiritus zu betrachten.

Er brennt für seine Leidenschaft!

EDELBRANDSOMMELIER

Nicht nur als Digestif, sondern auch **als Menübegleiter sind Edelbrände erste Wahl.**

Geräuchertes Forellenfilet auf Feldsalat

1 Bund Schnittlauch

3 Lauchzwiebeln

4 EL Kräuteressig

6 EL Rapsöl

1 EL Senf

Salz, Pfeffer

Zucker

200 g Feldsalat

400 g geräuchertes Forellenfilet

Den Feldsalat putzen, waschen und abtropfen lassen. Die Lauchzwiebeln halbieren und in feine Scheiben schneiden. In einer großen Schüssel Essig, Öl, eine Prise Zucker, Senf, Salz und Pfeffer aus der Mühle zu einer cremigen Sauce verrühren. Den Feldsalat und die Lauchzwiebeln in der Salatsauce wenden und auf Teller verteilen.

Die Forellenfilets in Stücke schneiden und auf dem Salat anrichten. Den Schnittlauch in Röllchen schneiden und den Salat damit dekorieren.

600 g TK-Himbeeren oder frische Himbeeren aus dem Garten

1 Tüte gemahlene Gelatine weiß

1 Orange Bio-Qualität

1 Zitrone Bio-Qualität

50 g Pistazienkerne

500 g Joghurt ohne Geschmack

2 EL Honig

2 EL brauner Zucker

250 g Schlagsahne

Pistazien-Joghurtcreme mit Himbeersauce

Himbeeren auftauen bzw. frische Himbeeren waschen. Die Schale von je einer halben Orange und Zitrone fein abreiben. Die Orange und die Zitrone auspressen. Die Pistazien sehr fein hacken. Den Joghurt mit den abgeriebenen Fruchtschalen, den gehackten Pistazien, 50 ml Fruchtsaft und dem Honig verrühren.

Die Gelatine in 6 EL des ausgepressten Fruchtsaftes einrühren, nach Packungsanweisung auflösen und mit 4 EL Joghurtmasse verrühren. Alles zusammen unter die restliche Joghurtcreme rühren und in den Kühlschrank stellen. In der Zwischenzeit die Schlagsahne steif schlagen und unter die Creme heben. Die fertige Creme in kleine Portionsgläser füllen, mit Folie abdecken und mindestens 2 Stunden kalt stellen.

Die Himbeeren mit dem braunen Zucker und dem restlichen Fruchtsaft pürieren und durch ein feines Sieb streichen. Die Sauce ebenfalls kalt stellen. Kurz vor dem Servieren die Himbeersauce auf die Pistazien-Joghurtcreme geben und nach Wunsch mit Pistazien, ganzen Himbeeren und Zitronenmelisse dekorieren.

Geräucherte Forelle auf Basilikumcreme

3 Bund Basilikum

2 EL Zitronensaft

1 EL Senf

Salz, Pfeffer

Zucker

200 g Crème fraîche

500 g geräuchertes Forellenfilet

Basilikum waschen, abtropfen lassen und in einem Rührbecher mit Zitronensaft, einer Prise Zucker, Senf, Salz und Pfeffer aus der Mühle pürieren. Anschließend die Crème fraîche unterrühren. Die Basilikumcreme in kleine Portionsteller füllen.

Die Forellenfilets auf der Creme anrichten und dekorieren.

Rinderrouladen

4 Rinderrouladen

4 Scheiben roher Schinken

3 Zwiebeln

1 Glas Essiggurken

3 Karotten

250 ml Brühe

Salz, Pfeffer aus der Mühle

Paprikapulver

Senf

1 EL Tomatenmark

Das Fleisch waschen, trockentupfen und auf einem Brett auslegen. Mit Salz, Pfeffer und Paprika würzen. Das Fleisch mit Senf bestreichen und mit einer Scheibe Schinken belegen. 2 Zwiebeln und die Essiggurken fein hacken und so auf den Schinken geben, dass dieser vollständig bedeckt ist. Das Fleisch aufrollen und mit einem Spieß verschließen.

Die Rouladen portionsweise in heißem Öl von allen Seiten braun anbraten. Danach alle angebratenen Rouladen in einen großen Topf legen. Die Karotten und eine Zwiebel fein würfeln, kurz anbraten und mit der Brühe sowie dem Tomatenmark zu den Rouladen geben. Die Rouladen bei mittlerer Hitze im geschlossenen Topf je nach Größe etwa 60 bis 90 Minuten schmoren. Sauce mit Salz und Pfeffer abschmecken.

Die Rouladen mit Schupfnudeln oder Kartoffeln anrichten.

Italienische Rouladen

4 Schweinerouladen oder sehr dünn geschnittene Schweineschnitzel

200 g Blattspinat tiefgefroren oder frisch

4 Scheiben Parmaschinken

10 Tomaten

3 Karotten

1 Zwiebel

1 Flasche italienischer Rotwein

Salz, Pfeffer aus der Mühle

Paprika

Tomatenmark

Den tiefgefrorenen Blattspinat auftauen und abtropfen lassen bzw. den frischen Blattspinat waschen, in heißem Wasser zusammenfallen und ebenfalls abtropfen lassen.

Das Fleisch waschen, trockentupfen und auf einem Brett auslegen. Mit Salz, Pfeffer und Paprika würzen. Das Fleisch mit Tomatenmark bestreichen sowie mit einer Scheibe Parmaschinken belegen. Abgetropften Spinat auf den Schinken geben, so dass dieser vollständig bedeckt ist. Das Fleisch aufrollen und mit einem Spieß verschließen.

Die Rouladen einzeln in heißem Öl von allen Seiten braun anbraten. Alle angebratenen Rouladen in einen großen Topf geben. Tomaten, Karotten und die Zwiebel fein würfeln und mit dem Rotwein dazugeben. Alles bei mittlerer Hitze im geschlossenen Topf je nach Größe der Rouladen etwa 45 bis 60 Minuten schmoren. Die Sauce mit Salz, Pfeffer und evtl. etwas Sahne abschmecken.

Dazu kann man italienische Nudeln, bunten Salat oder verschiedene Brotsorten servieren.

Schweinefiletroulade mit beschwipstem Pflaumengemüse

Getrocknete Pflaumen 1–2 Stunden in Pflaumenbrand einlegen. Abtropfen lassen, Flüssigkeit auffangen. Pflaumen klein schneiden.

Schweinefilet zur Roulade aufschneiden, salzen, pfeffern. Mit gehackten, getrockneten Pflaumen belegen. Apfel in Scheiben schneiden und dazugeben. Aufrollen und mit Rouladennadeln verschließen. Butterschmalz im Bräter erhitzen, Fleisch von allen Seiten gut anbraten. Fleisch kurz entnehmen und in Alufolie wickeln. Fleischsaft mit Sahne angießen und mit Salz, Pfeffer, Gemüsebrühe, dem Pflaumenmus sowie der zuvor aufgefangenen Pflaumenbrand-Flüssigkeit würzen.

Zwetschgen waschen, halbieren und entsteinen.

Zwiebeln schälen und in Spalten schneiden. In einem neuen Topf Zwiebeln in Butter anbraten, mit Zucker karamellisieren und mit Rotwein ablöschen. 3–4 Minuten köcheln lassen. Zwetschgen und Rosmarinzweig dazugeben, aufkochen und weitere 4–5 Minuten köcheln. Den Topf vom Herd ziehen, kalte Butterstückchen unterrühren und mit Salz, Pfeffer und Balsamicoessig würzen.

Fleisch aus der Folie nehmen, in Scheiben schneiden und auf vorgewärmten Tellern zusammen mit der Sahnesauce und dem Pflaumengemüse servieren.

Dazu passen Nudeln.

1 Schweinefilet
50 g getrocknete Pflaumen
200 ml Sahne
Gemüsebrühe
4 cl Pflaumenbrand
½ Apfel
Salz, Pfeffer
Butterschmalz
1 EL Pflaumenmus
1 Schuss Sojasauce
400 g Zwetschgen
¼ L Rotwein
1 rote Zwiebel
1 EL Butter
1 Prise Zucker
1 Rosmarinzweig
1 EL Balsamicoessig

1 Bund Rucola

500 g Bohnen

4 Rinderrouladen

frisches Bohnenkraut

2 rote Zwiebeln

500 g Champignons

Essig (z. B. Feigenessig, Balsamico bianco oder Rotweinessig – am besten gemischt)

Olivenöl

Salz, Pfeffer

Borretschblüten zum Garnieren

Rinderrouladen mit grünen Bohnen gefüllt und Bohnen-Rucola-Salat*

Grüne Bohnen in Salzwasser mit dem Bohnenkraut bissfest kochen.

Die Hälfte der Bohnen zur Seite stellen.

Fleisch salzen, pfeffern und mit Senf bestreichen. Bohnen darin einwickeln und mit einer Rouladennadel fixieren. In Öl rundum anbraten.

Champignons putzen, vierteln, mit Salz und Pfeffer würzen und ebenfalls in Öl anbraten.

Rucola putzen. Rote Zwiebeln schälen und stifteln. Die zweite Hälfte der abgekühlten Bohnen mit dem Rucola und den Zwiebeln vermischen. Salz, Pfeffer, Essig, Öl und Senf zu einer Vinaigrette verrühren und kurz vor dem Servieren über den Salat geben.

* Vielen Dank an Hiltrud Braun für ihre Salat-Inspiration mit dem Hinweis „Rappzapp gemacht – aber es muss GUT sein!“

Kleine Küchenhelfer!

FRÜH ÜBT SICH …

Von ihren Eltern Eva und Marko kann sich Luise viele Küchentricks abschauen.
Frische Kräuter sind der jüngsten Köchin im Kochbuch sehr wichtig.

EVA REITER –

KOCHWÄSCHE

„Echt sauber“ – Eva Reiter führt das textile Dienstleistungsunternehmen mit hohen Wertmaßstäben

Eva Reiter war mit großer Begeisterung nach dem internationalen BWL-Studium in die große, weite Welt des „Big Business“ eingetaucht. Während einer Geschäftsreise zu chinesischen Lieferanten jedoch offenbarte ein Vorgesetzter, dass er ein gänzlich anderes Bild von Frauen in Führungspositionen hat als Eva. Dieses desillusionierende Erlebnis im Reich der Mitte hat sie ihrem eigenen Zentrum und ihren Ursprüngen nähergebracht. „Ich wollte keinen *fake* mehr, sondern echte Menschen und ein handfestes Arbeitsumfeld.“

Westerwald statt weite Welt

Die Zeit war reif, zurück in die Heimat Westerwald zu gehen und in den elterlichen Betrieb in Montabaur einzusteigen.
Rainer Raabe freute sich, dass seine Tochter mit ihm gemeinsam die Geschäftsführung seines Unternehmens übernehmen wollte. Er hatte nicht zu hoffen gewagt, dass Eva – nach Stationen in glamourösen Großstädten und bei internationalen Konzernen – zurück in den Westerwald kommen würde.

Sein statt Schein

Eva genießt die „Echtheit der Menschen“ im Kreis der Mitarbeiter und wahrhaftige Beziehungen zu Kunden und Lieferanten. Sie möchte einen „leisen Service“ bieten, also eine reibungslose Dienstleistung, die vorausdenkt. Viele Kunden stammen aus der Lebensmittelbranche, in der die Anforderungen an Hygiene ständig wachsen. DBL Itex Gaebler hat dieser Tatsache durch den Bau des neuen, auf die Pflege von Hygieneware und Reinraumbekleidung spezialisierten Werks in Heiligenroth Rechnung getragen. Im Stammwerk Montabaur wird weiterhin die Berufskleidung für Handwerk und Industrie gepflegt. Bei den rund 130 Mitarbeiterinnen und Mitarbeitern kommt es Eva besonders darauf an, dass sich jeder am richtigen Platz eingesetzt fühlt: „Ich möchte verstehen, was für den einzelnen Menschen wichtig ist“.

Es dauerte etwas, bis Eva als eigenständige Unternehmerin – und nicht mehr nur als „Tochter des Chefs“ wahrgenommen wurde. Sie arbeitet gerne mit ihrem Vater zusammen. Seine Meinung ist ihr in allen Geschäftsbereichen ausgesprochen wichtig „Er ist ein Tüftler und arbeitet sich sehr intensiv in viele spezielle Themen wie ressourcenschonende Betriebstechnik, Energieeffizienz und Frischwassereinsparung ein. Er hat ein unglaubliches *Know how* angesammelt, für das ich ihn bewundere.“

Gutes Essen statt *fast food*

Neben der Wahrhaftigkeit im Umgang mit Mitarbeitern, Kunden und Lieferanten ist Eva auch „echtes Essen“ wichtig. „Essen und Trinken gibt mir Leben“, erzählt die glückliche Mutter der kleinen Luise. Zusammen mit Ehemann Marko bereitet sie gerne das Abendessen vor – ihn sieht sie am liebsten in der Rolle des Grillmeisters – oder auch des Küchenassistenten. Warum Zahnarzt Marko dem Braten deshalb nicht ganz traut, ist auf Seite 144 nachzulesen.

Empanadas mit Ziegenfrischkäse-Chorizo-Füllung

Die Bohnen in kochendem Salzwasser garen, abgießen, abschrecken und abtropfen lassen. Die Kerne aus der Haut drücken.

Den Sellerie putzen, waschen und ebenso wie die Zwiebel in ganz kleine Würfel schneiden. Die Minze waschen, trockentupfen, schöne Blättchen zum Garnieren beiseitelegen und den Rest in feine Streifen schneiden.

Olivenöl und Limettensaft verquirlen. Nun alles miteinander vermischen, mit Salz und Pfeffer abschmecken, kaltstellen und ziehen lassen.

Die Chorizo in kleine Würfel schneiden, den Ziegenkäse mit der abgeriebenen Limettenschale glattrühren, die Chorizowürfel untermischen und alles mit Pfeffer abschmecken.

Die Toastbrotscheiben mit dem Nudelholz plattwalzen und mit einem Glas oder Förmchen Kreise ausstechen. Die Eier verquirlen.

Auf jeden Toastkreis 2 TL Füllung geben, die Ränder mit Ei bestreichen und die Scheiben zusammenklappen. Dabei die Ränder fest zusammendrücken. Die Empanadas durch die verquirlten Eier ziehen, in Paniermehl wenden und in reichlich Öl goldgelb ausbacken. Auf Küchenpapier abtropfen lassen und mit dem Bohnensalat servieren.

ca. 350 g dicke Bohnen (TK)

ca. 150 g Staudensellerie

1 große rote Zwiebel

½ Bund Minze (nach Geschmack)

5 EL gutes Olivenöl

½ Limette

Salz, schwarzer Pfeffer

Chorizo (spanische Paprikawurst)

Ziegenfrischkäse

abgeriebene Schale einer Limette

3 Eier

12 Scheiben Toast

200 g Paniermehl

hoch erhitzbares Öl zum Ausbacken

„Amor entra por cocina"

Spanische Tapas sind zum Verlieben.
Kleine Verführer, mit Freunden genossen.

Fischfrikadellen mit Kartoffeln, Salsa und Sprossensalat

Für die Frikadellen:

Paniermehl (am besten selbst machen aus altem Brot)

1 Bio-Zitrone

300 g Lachsfilet

300 g Räucherfisch (z. B. Forellenfilets)

200–300 g Thunfischfilet

glatte Petersilie

Knoblauch

Öl zum Braten

Für die Salsa:

je 1 frische rote, grüne, gelbe Chilischote

Frühlingszwiebeln

aromatische Tomaten

Rotweinessig

Salatgurke

je 1 gelbe und rote Paprikaschote

2 Limetten

1 Bund Basilikum

Für den Sprossensalat:

Sprossen nach Wahl

1 Bund Minze

Knäckebrot

2 reife Avocados

Kresse

1 Zitrone

Für die Kartoffeln:

kleine Kartoffeln

1 Bund gemischte, mediterrane Kräuter (nach Möglichkeit frisch)

Olivenöl

Fischfrikadellen:

Fisch und Knoblauch fein pürieren, die Petersilie fein schneiden, alles miteinander vermischen mit Pfeffer würzen und etwas ziehen lassen.

Mit angefeuchteten Händen gleichgroße Frikadellen formen, in Paniermehl wenden und auf geringer bis mittlerer Hitze braten, bis sie rundherum schön knusprig sind.

Salsa:

Chilischote, Tomaten, Salatgurke, Paprikaschoten fein und akkurat würfeln, Frühlingszwiebeln in feine Ringe, Basilikum in feine Streifen schneiden. Alles mit Limettensaft, Rotweinessig, Vanillezucker und Olivenöl abschmecken.

Sprossensalat:

Sprossen waschen, trocken schleudern, auf einer Schale anrichten, mit Avocadostückchen (ausgelöffelt), die in Zitronensaft „gebadet" wurden, belegen und dünnes Knäckebrot drüber bröseln. Kresse abschneiden und über alles streuen. Nochmals mit ordentlich Zitronensaft beträufeln und einen guten Schuss Olivenöl über alles geben: fertig!

Kartoffeln:

Kleine, schöne Kartoffeln ordentlich waschen, gar kochen und in Olivenöl rundherum anbraten (bei nicht zu großer Hitze). Mediterrane Kräuter (wie Rosmarin, Basilikum, ein wenig Thymian, Estragon, Oregano … was der Garten oder Gemüsehändler so hergibt) kleinschneiden und die Kartoffeln damit mischen.

Alles zusammen anrichten.

Westfälischer Pumpernickel ist die Basis für diese wunderbaren Waffeln, gefüllt mit Knochenschinkenmousse. Luise kann sich nicht entscheiden, ob Mama oder Papa besser kocht.

DR. MARKO REITER –

„ICH TRAUE DEM BRATEN NICHT“

Die Liebe zieht einen Dortmunder in den Westerwald

Nur ein echter Dortmunder kann ermessen, wie groß der Abschiedsschmerz ist, wenn man seiner Heimatstadt den Rücken kehren muss, bzw. wie groß die Liebe, wenn man ihr zuliebe von Westfalen in den Westerwald zieht. Eva heißt die Glückliche, für die Dr. Marko Reiter seine Zahnarztpraxis in Dortmund aufgab und eine neue in Wirges aufbaute.

Tabellenerster

Heute fühlt er sich sehr wohl im Westerwald mit seiner Frau Eva, seiner Tochter Luise und mit seinem tollen Praxisteam. Ab und zu vermisst er aber seine Heimat, die städtische Lebendigkeit und die lockere Stimmung des Ruhrgebietes. Früher zählte der eine oder andere Borussia Dortmund-Spieler zu seinen Patienten, so dass er öfter mal von der Zahnarztliege aus in den VIP-Sessel im Stadion eingeladen wurde. „Diese Mannschaft ist schon etwas wirklich Besonderes“.

Vor-Reiter

Noch größer als sein Fußballinteresse ist Markos Musikleidenschaft. Er spielt seit seinem zehnten Lebensjahr Trompete. So gut, dass er im Landesblasorchester Nordrhein-Westfalen einen Stammplatz hat. Einen festen Platz hat er auch am Gasgrill der Familie Reiter. Er ist unangefochtener Barbecue-Spezialist. Die „Vor-Reiter-schaft“ in der Küche ist allerdings strittig. Eva und Marko beanspruchen beide den Chefkochposten. Marko wirft dabei seine Erfahrung in der Dortmunder Spielbankgastronomie in den Ring, die er während eines Studentenjobs gesammelt hat. Außerdem verweist er auf die zahnarzttypische Präzision. Die Argumente seiner Frau Eva haben sich aber auch gewaschen (siehe Seite 138).

SPASS BEIM KOCHEN **IST DIE WICHTIGSTE ZUTAT.**

Gäste schmecken, **wieviel Liebe, Freundschaft und Spaß hineingerührt wurden.**

Knochenschinkenmousse in der Pumpernickelwaffel

Für die Knochenschinken-mousse:

100 g Knochenschinken

300 g Sahne

1 Blatt Gelatine

Für die Pumpernickelwaffeln:

50 g weiche Butter

50 g Pumpernickel (gecuttert)

20 g dunkles Mehl

50 g Eiweiß

50 g Isomalt

Für die Knochenschinkenmousse den Schinken in feine Würfel schneiden und anschwitzen. 200 g Sahne zufügen und einmal aufkochen lassen. Im Kühlschrank 24 Stunden ziehen lassen und passieren. 20 g der Schinkensahne erhitzen und die in Wasser eingeweichte Gelatine hinzugeben. Mit dem Rest der Masse angleichen. 100 g Sahne steif schlagen und unter die Schinkensahne ziehen, sobald diese zu gelieren beginnt, in einen Spritzbeutel füllen.

Alle Zutaten für die Pumpernickelwaffeln verrühren und im Kühlschrank fest werden lassen. Anschließend dünn auf ein Backpapier streichen und 3 Minuten bei 200 Grad backen. Mit einem Ausstecher Kreise ausstechen, diese goldbraun fertigbacken und jeweils noch warm um ein Papiertütchen rollen. Auskühlen lassen. Zum Schluss die Mousse in die Waffeln füllen.

1–2 kg Rindfleisch

Butterschmalz

ca. 500 g Zwiebeln

Rotwein

2 Lorbeerblätter

4 Pimentkörner

6–10 Pfefferkörner

3 Nelken

1 EL Kapern

1 Zitrone

1–3 Schnitten älteres Roggenbrot

Westfälischer Pfefferpotthast

Das kleingeschnittene Fleisch scharf in Butterschmalz anbraten, herausnehmen und im selben Topf die kleingeschnittenen Zwiebeln anschmoren. Danach das Fleisch wieder in den Bräter geben, mit Salz würzen und etwas heißes Wasser und Rotwein dazugießen. Ein Gewürzsäckchen mit Lorbeer, Piment, Pfefferkörnern und Nelken füllen, mit in den Topf geben und alles etwa eine Stunde schmoren lassen.

Während des Schmorens die Kapern und 1–2 EL Zitronensaft, bei Bedarf und je nach Geschmack auch heißes Wasser (oder Rinderfond) und Rotwein zufügen. Das Roggenbrot zerkrümeln und zum Andicken der Sauce benutzen.

Dazu passen Baguette, Zwiebel- oder Roggenbrot und Gewürzgurken.

Tipp: Für das Gewürzsäckchen nehme ich einen Papierteebeutel, fülle ihn mit den Gewürzen, die ich vorher mit einem Mörser zerstoßen habe, und binde ihn gut zu. So kann man die Gewürze problemlos wieder herausnehmen.

Halbgefrorenes Pumpernickel-Honigparfait

2 Eigelbe

1 Ei

40 g Honig

25 g Zucker

75 g Pumpernickel

3 cl Aprikosenbrand

125 g Sahne

Die Eigelbe, das Ei, den Honig und den Zucker vermengen und im Wasserbad bis zur „Rose“ aufschlagen. (Einen Holzlöffel in die Masse tauchen, wieder herausnehmen und die Rückseite anpusten. Wenn sich nun eine „Rose“ bildet, ist die Masse fertig.) Danach die Masse in kaltem Wasser weiter schlagen, bis sie abgekühlt ist.

Pumpernickel kleinbröseln und mit dem Aprikosenbrand beträufeln. Danach unter die Eimasse rühren. Die Sahne steif schlagen und ebenfalls vorsichtig unter die Eimasse geben. Darauf achten, dass das Volumen erhalten bleibt.

Die Masse in eine mit Frischhaltefolie ausgelegte Kastenform geben oder portionsweise in Kaffeetassen füllen. Dann in die Gefriertruhe stellen und alles durchfrieren lassen!

Tipp: Die Kaffeetassen vor dem Befüllen mit kaltem Wasser ausspülen und nach dem Einfrieren mit einem Messer das Parfait vom Tassenrand lösen.

Die Unterseite der Tasse dann mit warmem Wasser abspülen, das Parfait aus der Tasse stürzen und auf einem Teller anrichten.

Alternativ, beim Zubereiten in der Kastenform: Das Halbgefrorene aus der Form nehmen und die Folie entfernen. Dann in Scheiben schneiden und anrichten.

Wichtig: Vor dem Servieren kurz antauen lassen! Daher der Name „Halbgefrorenes“.

Pulpo-Carpaccio mit Staudensellerie

Den Pulpo in dünne Scheibchen schneiden und auf einer Platte anrichten. Staudensellerie und grünen Pfeffer fein hacken, mit Salz und schwarzem Pfeffer würzen und über dem Pulpo verteilen. Mit Parmesanspänen und dem Kaviar garnieren.

100 g Pulpo (Tintenfisch)

1 Stange Staudensellerie

5 frische grüne Pfefferkörner

1 TL Kaviar

Parmesan

Salz, schwarzer Pfeffer

Vitello tomato – ein maßloses Gericht

Rindfleisch in Knochenbrühe kochen, abkühlen lassen und in hauchdünne Scheiben schneiden (oder beim Metzger des Vertrauens schneiden lassen). Saucenzutaten außer Parmesan, Pinienkernen und Basilikum im Topf erhitzen und mit dem Zauberstab pürieren. Sauce abkühlen lassen. Pinienkerne anrösten, Fleisch auf einer großen, flachen Platte anrichten, Tomatensauce darübergeben und mit frisch geriebenem oder gehobeltem Parmesan, den Pinienkernen und dem Basilikum garnieren.

1 schönes Stück Rindernuss

kräftige Fleisch- oder Knochenbrühe (am besten selbst gemacht)

Pinienkerne

eingelegte getrocknete Tomaten

wenig frischer Knoblauch

Olivenöl

Parmesan

Saft und abgeriebene Schale von 1–2 Zitronen

Crème fraîche

frisches Basilikum

GESUND ESSEN, **BEWUSST GENIESSEN.**

Wellness für den Körper beginnt in der Küche. **Gönnen Sie sich nur pure, gute Produkte.**

Die Heilpraktikerin Beate Dankof legt großen Wert auf frische Zutaten. Dass gesundes sen Spaß macht, sieht man ihr und ihrem Mann Axel an.

BEATE UND AXEL DANKOF –

GESUNDHEITS-GOURMETS

Natur und pur: Bewusst isst besser

Denken Sie bei biologischer, gesundheitsbewusster Ernährung an strenge Mienen, tofufarbene Gesichtsfarbe, muffige Schafswollpullover sowie an spaß- und alkoholfreie Diskussionsrunden? Sie müssend dringend mit Ihren Vorurteilen aufräumen! Ein Kochabend zusammen mit Beate und Axel Dankof aus Gückingen bei Limburg würde Ihnen dabei erheblich helfen.

Gesund macht Laune

Die immer gut gelaunte, grund-optimistische Heilpraktikerin Beate bietet zusammen mit ihrem sportlichen Mann eine Ernährungsberatung nach metabolic balance® an, die das Leben gesünder, leichter und – man höre und staune – genussreicher macht. Beate Dankof verspricht keine Riesen-Wunder, aber viele positive Begleitumstände durch die Ernährungsumstellung. Stoffwechselerkrankungen wird vorgebeugt, der Blutdruck normalisiert sich, Gelenkschmerzen lassen nach – selbst Migränepatienten berichten von erheblichen Verbesserungen.

Schlüssel liegt im Kopf

Der Schlüssel zu gesundem Essen liegt im Kopf. „Wir müssen keine Ernährungsprofessoren werden, aber uns darüber bewusst werden, was wir alles in uns aufnehmen“, empfehlen Dankofs. Konservierungsstoffe, Geschmacksverstärker, Aromen, versteckter Zucker und vieles mehr hinterlassen leider Spuren in unserem Körper. „Die Zahl der Patienten, die mit Histamin- oder Laktose-Intoleranzen zu mir in die Praxis kommen, wird immer größer.“ Was kann man dagegen tun? Abgepacktes oder Fertiggerichte vermeiden. Die Devise lautet: „Natur und pur“. Lieber die rohen Zutaten beim Erzeuger oder auf dem Markt frisch einkaufen als Konserven oder bereits verarbeitete Lebensmittel. Weizen durch Dinkel ersetzen, Eiweiße und Kohlenhydrate in der richtigen Kombination verwenden. Und natürlich viel Obst und Gemüse, raten Axel und Beate Dankof.

Aber bitte auch mal mit Sahne

Insgesamt essen die Europäer so viele Kohlenhydrate wie in vergangenen Zeiten, als sie noch hart körperlich gearbeitet haben. „Wir essen massenhaft Baguette und Pasta – und setzen uns dann unbewegt an den Schreibtisch“, kritisiert Beate. Mit ihrer Lachs-Broccoli-Pfanne wollen die beiden zeigen, dass gesundes Essen leicht zuzubereiten und lecker ist. Müssen wir uns die süßen Sünden denn dann ganz verkneifen? Die Antwort lässt aufatmen: Naschen geht – natürlich mit Maß und Verstand. Beate isst zum Beispiel liebend gerne mal ein Eis mit einer schönen Portion Sahne von wirklich glücklichen Kühen.

Lachs-Broccoli-Champignon-Pfanne

500 g Lachsfilet

500 g Broccoli

200 g Champignons

200 g Dinkelbandnudeln

Salz, Pfeffer, Sojasauce, Rapsöl

½ Zitrone

1 TL Tomatenmark

Lachs in Würfel schneiden, mit Zitrone beträufeln, salzen und pfeffern. Etwas Rapsöl und Tomatenmark in eine Pfanne geben. Darin den Lachs kurz und scharf anbraten. Champignons putzen, halbieren und mit den Broccoliröschen dazugeben. Alles anbraten, salzen, pfeffern und mit Sojasauce und Wasser ablöschen. Ziehen lassen und in der Zwischenzeit die Nudeln kochen.

BEWUSST ZUR RUHE KOMMEN.
MIT BEDACHT DIE ZUTATEN WÄHLEN.

Das gemeinsame Essen ist eine Insel im Tag. Die Batterien werden wieder positiv aufgeladen.

per . . .

BUTTERBROT UN

Wie das duftet … Knuspriges Holzofenbrot, frisch gemah

Labsal für alle, die sich nach Ursprünglichkeit sehnen. Im Aran-Café in Koblenz gibt es lecker belegtes Holzofenbrot und feinste Kaffeesorten.

INKA WEISSER UND KATRIN SCHMIDT –

DIE GUTEN ALTEN WERTE

Hier kann man sich eine Scheibe abschneiden!

90.000 Kilometer hat Inka Weisser in ihrer Zeit als Repräsentantin für einen Modehersteller jährlich im Auto heruntergerissen. Keine Zeit mehr für den geliebten Marathon-Sport, das Motorrad und die vielen Freunde in Nentershausen und Umgebung. Selbst der Körper der 35jährigen sandte bereits Warnsignale. Auch ihre Freundin Katrin Schmidt, die bis dahin ebenso als Vertriebsrepräsentantin für Werbetechnik zuständig war, sehnte sich nach mehr Ursprünglichkeit im Leben. Vom Konzept der Rosenheimer Cafékette Aran (Slogan: „Brotgenuss und Kaffeekult") waren die beiden sofort überzeugt: Ausgewählte fairtrade-Kaffeesorten aus den besten Plantagen der Welt, dazu knuspriges Holzofenbrot mit einer Auswahl an leckeren, frischen Aufstrichen oder der „Brotzeit-Klassiker", das einfache und traditionelle Butterbrot – wichtig sind die hochwertigen Zutaten und die entschleunigte Atmosphäre im Café. „Alles beste Bohne" bei diesem Businesskonzept. Das befanden auch die Banker, die das Projekt anschubfinanzierten. Am Koblenzer Jesuitenplatz eröffneten die beiden 2010 ihr eigenes Aran-Café und schlossen noch ein Hotel mit 14 Zimmern an. Nach diesem mutigen Quereinstieg in die Gastronomie sind die beiden Frauen heute zu glücklichen Unternehmerinnen mit 30 Mitarbeitern und einer selbstbestimmten, erfüllenden Arbeit geworden.

Zurück zu den Wurzeln

Dass die guten alten Werte wie Liebe zur Natur, Ursprünglichkeit und Heimatverbundenheit bei den beiden sympathischen Westerwälderinnen wirklich Tag für Tag gelebt werden, zeigt auch ihre Rezeptauswahl für das Kochbuch. Der Eierkäs' ist ein Stück „Wäller Brauchtum". Alle, die ihre Lebensträume nicht nur vor sich herschieben, sondern sie umsetzen wollen, können sich hier gerne eine Scheibe abschneiden.

Natursauerteigbrot mit Rührei

1 Scheibe Natursauerteigbrot

2 Eier

Sahne

1 Tomate

Pflanzenöl

1 Bund Rucola

Balsamico-Creme

Salz, Pfeffer

Die Brotscheibe antoasten und mit Butter bestreichen. Die Eier in einer Schüssel aufschlagen und mit Salz und Pfeffer würzen. Einen Schuss Sahne zugießen und alles miteinander verquirlen.

Die Tomate vierteln. Etwas Öl in der Pfanne erhitzen und darin die Tomatenspalten leicht anbraten. Das Rührei zu den Tomatenstücken gießen, stocken lassen und auf der Brotscheibe verteilen.

Mit Rucola, Tomatenstücken und Balsamico-Creme, wahlweise auch mit Parmesanspänen und frischem Schnittlauch garnieren.

Eierkäs

¾ L Milch

1 Becher saure Sahne

7 Eier

1 TL Salz

Zutaten gut verrühren und in einen Steinguttopf füllen. Im Wasserbad stocken lassen. Masse in eine Eierkäsform (mit Löchern) füllen und über Nacht abtropfen lassen. Eierkäs stürzen.

Auf gebuttertem Hefezopf oder Weißbrot – entweder herzhaft oder aber süß mit Marmelade oder Zucker und Zimt – servieren.

Natursauerteigbrot mit Rührei „Land und Meer“

Für den Krabbensalat Crème fraîche, Mayonnaise und Ketchup verrühren und mit Cognac und Zitronensaft abschmecken. Dill fein hacken und mit den Garnelen und etwas frischem Pfeffer zu der Cocktailsauce geben.

Für das Rührei die Brotscheibe antoasten und mit Butter bestreichen. Die Eier in einer Schüssel aufschlagen und mit Salz und Pfeffer würzen. Einen Schuss Sahne zugießen und alles miteinander verquirlen.

Etwas Öl in der Pfanne erhitzen, zwei gute Esslöffel Krabbensalat in die Pfanne geben und leicht anbraten. Das verquirlte Ei zugeben, stocken lassen und kurz braten.

Einen Teller mit Rucola, Tomatenspalte und Balsamico-Creme garnieren. Die Brotscheibe mit dem Ei und frisch geschnittenem Schnittlauch darauf anrichten. Nach Belieben zusätzlich mit Oliven, getrockneten Tomaten oder Artischockenherzen (auch als Spieß angerichtet) garnieren.

Für den Krabbensalat:

20 g Crème fraîche

50 g Mayonnaise

50 g Ketchup

10 ml Cognac

Zitronensaft

250 g Eismeergarnelen

2 TL frischer Dill

Pfeffer

Für das Rührei:

1 Scheibe Natursauerteigbrot

2 Eier

Sahne

1 Tomate

Pflanzenöl

1 Bund Rucola

Balsamico-Creme

Salz, Pfeffer

Alex liebte schon als Kind das usbekische Gericht Plov. Heute bereitet er es für seine Kinder zu.

ANKE UND ALEX BARATAEV –

KINDERTELLER MIT DEM PLOV-EFFEKT

Von alten Familienrezepten, dem Zimttrick und Lehrmeister Jamie Oliver

Anke und Alex Barataev sind beide in der Krankenpflege tätig und haben parallel dazu ihre eigene Fußpflegepraxis in Runkel an der Lahn eingerichtet. Durch den Schichtdienst und den vollen Terminkalender in der Praxis ist die gemeinsame Zeit mit ihren vier Kindern ebenso selten wie kostbar. Der Höhepunkt des Tages sind die gemeinsamen Mahlzeiten. Wer gerade zu Hause ist, bringt etwas Leckeres auf den immer liebevoll dekorierten Tisch. Alex geht den Kochpflichten mit noch mehr Eifer und Spaß nach als Anke. Zwar hat sich der Wahl-Runkeler längst abgewöhnt, es jedem am Tisch recht machen zu wollen, aber natürlich freut sich der Koch, wenn's allen geschmeckt hat.

Althergebrachtes und Neues

Das Rezept mit der 100%-Erfolgsgarantie ist Plov, ein traditionelles Rezept, das man in Alex' usbekischem Familienzweig schon seit Generationen mit wachsender Begeisterung genießt. Auch er selbst liebte Plov als Kind, heute verwöhnt er seinen Nachwuchs damit. Überlieferte und neue Gerichte probiert Alex gerne aus, aber er zwingt seine Kinder nie, seine Kochexperimente zu probieren. Allerdings hat er mit den Jahren festgestellt, dass man Kinder durchaus für Rezepte jenseits von Pommes und Schokopudding begeistern kann. Von Jamie Oliver hat er zum Beispiel die Anregung, Chili con Carne mit Zimt zu verfeinern. Seither erwärmt sich auch seine Tochter Luisa für das bis dahin ungeliebte Hackfleischgericht.

EIN TELLER **VOLLER ERINNERUNGEN ...**

Lieblingsgerichte schmecken immer ein bisschen nach Kindheit.
Nach den Erdbeeren auf dem Geburtstagskuchen und der freudigen Erwartung auf die Weihnachtsgans.

Mein Lieblingsgericht!

- 1 kg Möhren
- 2 Zwiebeln
- 1 kg hohe Rippe vom Jungbullen oder Lammfleisch
- 3 Knoblauchzehen
- 1 Glas Sonnenblumenöl
- Salz, Pfeffer
- 2 Suppenteller Rundreis

Plov – ein altes usbekisches Gericht

Möhren schälen und in grobe Streifen, Zwiebeln in Ringe schneiden. Fleisch grob würfeln. Öl in einem großen Bräter stark erhitzen. Ein Stück Speck vom Fleisch und ein Stück Zwiebel in dem Fett frittieren, bis es fast schwarz ist. Dann wieder herausnehmen. Fleisch ins heiße Fett geben, goldbraun anbraten. Möhren dazugeben und rühren, rühren, rühren. Zwiebeln mitbraten. 2 Gläser Wasser angießen, mit Pfeffer und viel Salz würzen. Den Reis in den Bräter geben, aber nicht unterrühren und 2–3 cm mit Wasser bedecken. Fünf Minuten kochen und Deckel auflegen, am besten auch noch mit Handtüchern abdichten.

25 Minuten bei niedriger Temperatur kochen. Fünf Minuten vor Ende der Garzeit die ungeschälten Knoblauchzehen hinzugeben.

DIE KÜCHE IST **VOLLER GEHEIMNISSE ...**

Manchmal muss man alte Kochgewohnheiten mal ändern und Neues ausprobieren.
Einfach die Welt mal mit neuen Augen sehen.

Rainers Essigwoscht

1 große rote Zwiebel

½ Ring Fleischwurst bester Qualität

Salz und Pfeffer

3–4 EL Sonnenblumenöl

3–4 EL Kräuteressig

5–6 EL Mineralwasser mit Kohlensäure

Brot

Die Zwiebeln schälen und in feine Ringe hobeln, Fleischwurst pellen und in sehr dünne Scheiben schneiden. Beides auf einem großen Teller anrichten. Öl, Essig, Wasser, Salz und Pfeffer mischen und über die Fleischwurst geben. Etwa eine halbe Stunde durchziehen lassen und mit Brot servieren.

Champignon trifft Fleischwurst

ca. 250 g Fleischwurst
1 rote Zwiebel
1–2 Frühlingszwiebeln
ca. 200 g Champignons
1 Knoblauchzehe
Butterschmalz
einige Zweige frischer Oregano und Thymian
Baguette

Die Zwiebel und den Knoblauch schälen und in kleine Würfel schneiden. Champignons putzen, Fleischwurst pellen und würfeln. Zwiebeln, Frühlingszwiebeln und Knoblauch in Butterschmalz anbraten. Restliche Zutaten dazugeben und mitbraten. Alles mit den gehackten Kräutern, Salz und Pfeffer würzen und mit Baguette servieren.

Sauerkraut-Fleischwurst-Cocktail

4 große festkochende Kartoffeln
1 große Gemüsezwiebel
frisch geriebener Muskat
lz, Pfeffer, Paprikapulver
utter oder Butterschmalz
ca. 250 g Fleischwurst
einige Holzspieße
Gemüsebrühe
2 Lorbeerblätter
3–4 Wacholderbeeren
etwas geriebener Käse (Parmesan oder Gouda) zum Gratinieren

3 Kartoffeln und die Zwiebel schälen und in feine Streifen hobeln. Etwas Butter(schmalz) in einer Pfanne erhitzen, die Kartoffeln und die Hälfte der Zwiebelstreifen darin andünsten. Mit Salz, Pfeffer, Paprika und Muskat würzen. Etwas Gemüsebrühe angießen und Kartoffelscheiben garen.

Für das Sauerkraut etwas Butterschmalz im Topf erhitzen, die restlichen Zwiebeln darin glasig dünsten. Abgetropftes Sauerkraut, Lorbeerblätter und Wacholderbeeren zugeben. Eine Kartoffel schälen und ins Sauerkraut reiben. Alles ca. 20 Minuten garen.

Sauerkraut mit Pfeffer und Salz abschmecken und ca. 3–4 EL in ein Glas füllen. Kartoffelscheiben flach darauf verteilen und mit etwas geriebenem Käse bestreuen. Im auf etwa 180 Grad vorgeheizten Backofen bräunen.

Fleisch pellen, längs halbieren und in Scheiben schneiden. Fleischwurststücke aufspießen und in etwas Butterschmalz von allen Seiten anbraten. Zusammen mit dem Gratin anrichten.

Rika hilft ihrer Mutter Katrin gerne und oft in der Küche. Auf Seite 168 ist mehr von dieser Nachwuchsköchin zu lesen.

KATRIN KRECKEL –

„QUALITÄT IST UNS NICHT WURST“

Edelwurst macht Kinder froh – und Erwachsene ebenso

Katrin Kreckel, geborene Hof, stellt die fünfte Generation der Metzgersfamilie in Gemünden (Westerwald). Eigentlich hätte die Tierliebhaberin lieber als Pferdepflegerin oder Bäuerin gearbeitet, aber der Vater hat der ältesten seiner zwei Töchter immer wieder in den Ohren gelegen, doch bitte in seine Fußstapfen zu treten. So hat dann die Familienraison gesiegt, und mittlerweile ist die junge Frau eine begeisterte Metzgerin geworden. Am liebsten ist sie im Schlachthaus und verarbeitet das Fleisch aus der Region zu leckerer Wurst, knackigen Rohessern oder außergewöhnlichen Rezepten, wie etwa dem „Kreta-Braten“ mit Krautsalat und Schafskäse.

Neumodisch

Dem Papa ist das ein oder andere Gericht zu „neumodisch“, aber Katrin wird dennoch nicht müde, Inspirationen aus Kochsendungen, aus Gesprächen mit Kundinnen oder auch aus alten regionalen Landfrauen-Rezepten in ihre Wurstküche aufzunehmen. Der Erfolg gibt ihr Recht. Die frische Wurst oder auch ihre „Gerichte im Glas“ finden reißenden Absatz. Die junge Generation teile sich in zwei extreme Lager, findet Katrin Kreckel: Die Hobby-Perfektionsköche, deren Küchen jenen in Profirestaurants nicht nachstehen – und auf der anderen Seite die „Generation Supermarkt“, deren Kochfähigkeiten schon beim Erwärmen eines Fertiggerichtes in der Mikrowelle ihre Grenze erreicht haben. „Nur noch die Älteren kaufen Suppenfleisch oder Rinderbraten“, hat Metzgerin Kreckel beobachtet. Ihre kleine Tochter Rika wiederum liebt schon heute das Kochen und genießt es, mit ihren Nachbarn Ute und Rainer Wengenroth Bratkartoffeln zu brutzeln.

Wild

Im Gemünden und Umgebung ist die Metzgerei Hof auch für ihre Wildbret-Spezialitäten bekannt. Papa Hof jagt im umliegenden Wald Rehe und Wildschweine, die er mit der Tochter zusammen zu Braten, Bratwurst, Schinken oder Salami veredelt. Mutter Andrea (siehe Seite 169) kümmert sich um das Catering und hat auch ein wunderbares Gericht fürs Kochbuch beigetragen.

Gewürzt

Vater und Tochter sind sich einig, dass es auf die Fleischqualität ankommt, vor allem bei der Fleischwurst, für die die Hofs auch über die Ortsgrenzen hinaus bekannt sind. „Mehr Rinder- als Schweinefleisch – deftig gewürzt, aber nicht scharf“, mehr Details aus dem geheimen Familienrezept der Gemündener Edelfleischwurst werden nicht verraten. Vielleicht wird ja Rika irgendwann die Fleischerei übernehmen und die legendäre Fleischwurst anbieten – nach Art der neuen Generation.

EDEL**FLEISCHWURST**

Die Edelfleischwurst der Metzgerei Hof ist über die Gemünder Gemeindegrenzen hinaus bekannt.

Geschnitten oder am Stück?

SCHEIBCHENWEISE
EDELFLEISCHWURST …

Qualität bei der Zutatenauswahl ist bei diesem unkomplizierten Rezept das oberste Gebot. **Einfach gut!**

Käse-Wurst-Salat

½ Ring Fleischwurst

2 rote Zwiebeln

200 g Bergkäse

1 Bund Schnittlauch

4 EL Apfelessig

1 EL süßer Senf

1 EL scharfer Senf

Salz, Pfeffer

4 EL Sonnenblumen- oder Rapsöl

ca. 200 g Rettich

Fleischwurst häuten und in feine Scheiben schneiden, Zwiebeln schälen und in dünne Ringe hobeln. Bergkäse in kleine Stifte und Schnittlauch in Röllchen schneiden. Rettich schälen, in Scheiben hobeln. Aus Apfelessig, Öl, Senf, Salz und Pfeffer eine Sauce zubereiten und mit den übrigen Zutaten vermischen. Etwas ziehen lassen.

1 Ring Fleischwurst

Öl

3 große Zwiebeln

Salz, Pfeffer, Paprikapulver

3 EL Senf

Backfleischwurst

Fleischwurst pellen und kreuzweise einritzen. Mit Senf bestreichen. Ein ausreichend großes Stück Alufolie mit Öl bestreichen und die Fleischwurst darauflegen. Zwiebeln schälen und in Ringe hobeln, mit Salz, Pfeffer und Paprika würzen und gut vermischen. Zwiebeln in die Mitte des Fleischwurstrings geben und alles mit der Alufolie gut einschlagen. Im vorgeheizten Backofen bei Umluft und 170 Grad ca. 70 Minuten backen.

Heiß mit Brot servieren.

RIKA KRECKEL –

DA HABEN WIR DEN SALAT!

Rika will auf einem Elefanten reiten

Rika Kreckel hilft Ute und Rainer Wengenroth oft beim Kochen. „Sie ist ein Küchen-Nachwuchstalent", bescheinigt Ute dem Nachbarskind. „Vor allem ihre Salatsaucen sind der Hit!" Die Dressing-Rezeptur hat sich die Kleine bei Uroma Liesel abgeschaut. Frühlingszwiebeln, Petersilie und ein richtig guter Essig, das sind die geschmacksgebenden, wichtigen Zutaten, findet Rika.

Auch über das Thema Salat hinaus hat Rika genaue kulinarische Vorstellungen: Zum Schnitzel müssen es Pommes sein und nichts geht über Nudeln als Pizza-Belag.

Was Rika sonst noch mag

Pferde, Hasen, Hunde und alle Tiere auf der Ranch der Familie Kreckel, Laborexperimente und die Theater-AG in der Schule, tauchen, kochen (na klar!), Oma (weil sie mehr erlaubt als Mama), Ute und Rainer, ihr Kinder-Quad, auf dem sie über das Ranch-Gelände brettert, Tierbücher und Elefanten (Rikas großer Traum ist es, mal auf einem Elefanten zu reiten – ob die Oma hier helfen kann?).

Was Rika gar nicht mag

Kohl („iiihhh"), lieblos zubereitete Salatsaucen, bei denen es an leckerem Essig fehlt, gekochtes (oder gar verkochtes) Gemüse, Moritz' Fahrrad mit den zu guten Scheibenbremsen, aufgeschlagene Lippen nach Stürzen über Fahrradlenker.

Zitronen-Ingwer-Dressing

100 ml Apfelsaft

3 EL Olivenöl

1 unbehandelte Zitrone

1 walnussgroßes Stück Ingwer

2 Frühlingszwiebeln

Salz und Pfeffer aus der Mühle

1 EL Balsamico bianco

1 EL Balsamicocreme

Ingwer schälen und fein reiben. Zitronenschale abreiben. Zitrone pressen. Frühlingszwiebel putzen und in feine Ringe schneiden. Alles mit Saft, Essig, Öl vermischen und mit Salz sowie frisch gemahlenem Pfeffer würzen. Passt zu allen Blattsalaten sowie besonders zu Moritz' Hähnchenschenkeln und Kartoffelspalten.

Ein Rezept von Rikas Oma Andrea Hof – Wildwechsel mit lauwarmem Rosenkohlsalat

Für den Wildwechsel:

750 g Wildkeule
2 Zwiebeln
250 g Pfifferlinge
2 EL Butterschmalz
Mehl zum Bestäuben
1/8 Liter Fleischbrühe
Salz, schwarzer Pfeffer
250 g Gewürzgurken
100 g Perlzwiebeln
2 EL Senf

Für den Rosenkohlsalat:

100 g Dörrfleisch
500 g Rosenkohl
2 Zwiebeln
3 EL Öl
3 EL Rotweinessig
1 EL Senf
Salz, Pfeffer
30 g Parmesan

Für den Kartoffel-Mandel-Kuchen:

500 g Kartoffeln
2 Zwiebeln
1 Ei
50 g Mandelblättchen
Salz, Pfeffer
Muskat
Butterschmalz

Wildwechsel:

Wildkeule schnetzeln, Zwiebeln schälen und würfeln, Pfifferlinge putzen und halbieren.

Fleisch in heißem Butterschmalz anbraten, Zwiebeln hinzugeben und ca. 10 Minuten bräunen. Fleisch mit Mehl bestäuben, 1/8 Liter heiße Fleischbrühe angießen. Gurken in Scheiben schneiden und mit den abgetropften Perlzwiebeln dazugeben. Weitere 10 Minuten köcheln lassen und mit Salz, Pfeffer und Senf pikant abschmecken.

Rotkohlsalat:

Rosenkohl putzen und in Salzwasser ca. 10 Minuten bissfest kochen. Dörrfleisch und Zwiebeln fein würfeln und in Butterschmalz andünsten. Mit Senf, Essig sowie Salz und Pfeffer abschmecken. Rosenkohl kurz in die Pfanne geben, dann den geriebenen Parmesan unterheben. Sofort lauwarm servieren.

Kartoffel-Mandel-Kuchen:

Kartoffeln schälen und reiben. Zwiebeln schälen und würfeln und dann unter die Kartoffelmasse heben. Mit Salz, Pfeffer und frisch geriebenem Muskat würzen. Mandelblättchen hinzugeben. Die gesamte Masse auf dem beschichteten Pfannenboden verteilen und von beiden Seiten in einer ausreichenden Menge Butterschmalz braten.

2 EL Speiseöl

½ Fleischwurstring

3–4 Zwiebeln

2–3 Knoblauchzehen

2 rote Paprika

2 Stangen Lauch

3–4 Fleischtomaten

1 Dose geschälte Tomaten

ca. 1 L Knochen- oder Fleischbrühe (möglichst selbst gemacht)

frische Kräuter (Liebstöckel, Thymian, Majoran)

Salz, Pfeffer

etwas Speisestärke

Fleischwurstgulasch

Fleischwurst häuten und würfeln, Zwiebeln und Knoblauch hacken, alles in Öl anbraten. Übriges Gemüse putzen, würfeln und kurz mitdünsten. Kräuter fein hacken und dazugeben. Geschälte Tomaten mitsamt der Flüssigkeit und die Fleischbrühe dazugeben. Gemüse darin bissfest kochen. Mit Salz und Pfeffer abschmecken, nach Geschmack mit etwas Speisestärke andicken.

1 Schalotte

ca. 250 g Fleischwurst

1 Knoblauchzehe

2 Tomaten

1 Stück Peperoni

Olivenöl

Salz und Pfeffer

Rucola zum Garnieren

frischer Majoran, Thymian und Basilikum

Ciabatta-Brot

Fleischwurst-Bruschetta

Schalotte und Knoblauchzehe schälen und fein würfeln. Fleischwurst pellen, Tomaten waschen und würfeln, Peperoni fein hacken. Alles kurz in Olivenöl andünsten, mit den gehackten Kräutern, Pfeffer und Salz würzen. Brot in Scheiben schneiden und anrösten. Fleischwurst-Tomaten-Würfel darauf verteilen und mit geputztem Rucola anrichten.

Reiterfrühstück

½ Ring beste Fleischwurst

1 TL Butter

100 ml Gemüsebrühe

200 g Kartoffeln

60 g Parmesan

je 2 TL grobkörniger und mittelscharfer Senf

1 EL Crème fraîche

1 EL Schmelzkäse

evtl. etwas Speisestärke

1–2 Blätter frischer Liebstöckel

Salz, Pfeffer, Muskat

Kartoffeln schälen, würfeln und in Gemüsebrühe weichkochen. Mit den übrigen Zutaten für die Kruste pürieren. Das Püree sollte recht fest sein; deshalb eventuell mit etwas Speisestärke andicken.

Den halben Fleischwurstring der Länge nach halbieren und auf gebutterte Alufolie geben. Das Püree darauf verteilen und im vorgeheizten Backofen bei ca. 180 Grad etwa 15 Minuten überbacken.

Das zarte Galloway-Fleisch des Westerwälder Farmhouse überzeugt auch die Football-Spieler der Montabaurer „Fighting Farmers“.

EINKAUFSTIPPS **FÜR FEINSCHMECKER ...**

Im Farmhouse-Hofladen verkauft Albert Witt bestes Gourmetfleisch seiner Galloway-Rinder.

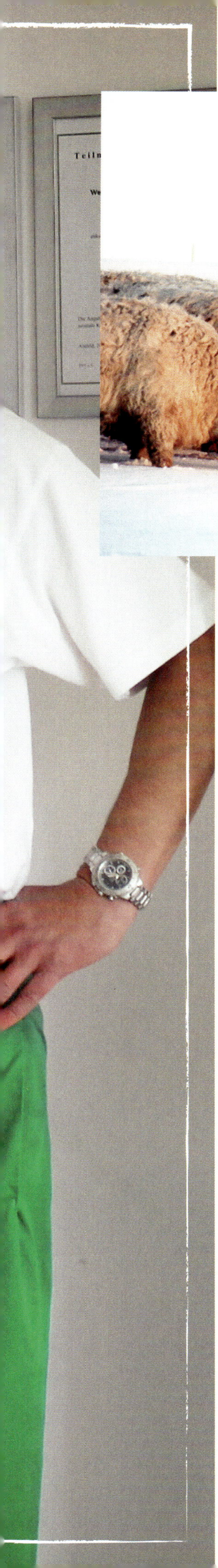

ALEXANDRA WITT-MASTALL UND ALBERT WITT –

FRIEDLICHE TEDDY-RINDER UND IHR BIO-GOURMETFLEISCH

Familie Witt-Mastall aus Rennerod betreibt eine der größten Galloway-Zuchten der Welt

Die Liebe zu den Tieren steht bei Alexandra Witt-Mastall und ihrem Mann Albert Witt über allem. Die beiden betreiben zusammen mit dem Vater Dr. Heinz Mastall eine der größten Galloway-Herdbuchzuchten der Welt. Ursprünglich stammen diese teddyähnlichen Rinder aus Schottland. In Kanada und Neuseeland werden fleischreichere Sorten gezüchtet, die nun auch bei den Witts in Rennerod heimisch geworden sind. Für das raue Klima und die karge Landschaft des Westerwalds sind die genügsamen Galloways wie gemacht.

Heu für Galloways

Alexandras Vater ist Humanmediziner und war im Bereich der biologischen Krebsabwehr sehr aktiv. Deshalb werden die Tiere ganzjährig nur mit Heu und Stroh gefüttert – ganz ohne Getreide. Nur wenn Galloways ausschließlich mit Grasprodukten gefüttert werden, entwickeln sie dieses typische dunkelrote Fleisch, das Gourmets und Gesundheitsapostel gleichermaßen schätzen. Die einen wegen des Geschmacks, die zweiten wegen des sehr geringen Anteils an gesättigten Fettsäuren und des hohen Anteils an lebensnotwendigen Omega-3-Fettsäuren. Doppelt gutes Fleisch also.

Fleisch für Footballer

Kenner kaufen das Fleisch und die gute Wurst im Hofladen der Witt-Mastalls in Rennerod. So auch Sebastian Koch, Footballspieler der „Fighting Farmers Montabaur“ (siehe nächste Seite). Er schwärmt von den Steaks: „Sensationell“ lautet das Urteil des Football-Farmers über das Galloway-Fleisch aus dem „Westerwälder Farmhouse“ der Familie Witt-Mastall. Man schmeckt eben die Liebe, mit der die Züchter die Kälber großziehen – zur Not auch mal mit Wärmelampen und Kissen in der eigenen Küche.

www.fighting-farmers.de

Zartes Fleisch für harte Jungs!

Fighting Farmers
sind keine Aufschneider!

BEI DEN FOOTBALLERN DER FIGHTING FARMERS MONTABAUR IST ALLES ECHT. SIE SIND WIE GALLOWAYFLEISCH: **UNTER DEM DICKEN FELL LIEGT DER ZARTE KERN.**

AMERICAN FOOTBALL IST KÖRPERBETONT. *Sieg in Sicht!*

Sebastian Haas schätzt den körper- und kampfbetonten American Football. Hier trainiert er zusammen mit seinem Coach Jochen Strahl.

SEBASTIAN HAAS –

TOUCHDOWN AM KÜCHENHERD

American Football-Spielern schmeckt das Steak in der Not auch ohne Brot

Für Sebastian Haas, American Football-Spieler bei den „Fighting Farmers Montabaur", ist das Stichwort "Raumgewinn" der Schlüssel, um das komplizierte Football-Regelwerk zu verstehen. „Der Ball muss immer weiter nach vorne, in die Endzone", erklärt er. Es lohnt sich, tiefer in die Regeln und Spielzüge einzusteigen. „Die Belohnung ist das spannendste und variantenreichste Spiel der Welt", meint der Spieler der *offensive line.* Natürlich hat auch er, wie fast jeder deutsche Junge, mal europäischen Fußball gespielt, empfand ihn aber schnell als reizlos und langweilig. Mit 15 Jahren lernte Sebastian American Football kennen, und es war um ihn geschehen. Die körper- und kampfbetonte amerikanische Version mit dem charakteristischen „Ei" hat es dem Westerwälder seither angetan.

American way of sport

Der engagierte Coach Jochen Strahl hätte die Montabaurer in der letzten Saison fast in die 2. Liga bugsiert. Nach der Saison ist vor der Saison – nun wird wieder kräftig trainiert und Kraftreserve aufgebaut. Das gute Galloway-Fleisch des „Westerwälder Farmhouse" kommt den „Fighting Farmers" da gerade recht. „Sensationell lecker" schmeckt es den Männern. Ein gutes Stück Fleisch, wie das zarte Entrecôte von Renneroder Galloway-Rindern, steht bei allen Teammitgliedern ganz hoch in der Gunst. Dazu ein kühles Bier, Ofenkartoffeln mit *sour cream* nach amerikanischer Art – oder zur Not auch „Steak pur". Veganer gibt es unter den „Fighting Farmers" ohnehin nicht, dafür aber viele Genießer, die die regelmäßigen Barbecues und den Teamgeist sehr schätzen. Wir drücken die Daumen beim ersten Kickoff in der neuen Runde.

Das Fleisch der Galloway-Rinder hat einen besonders feinen Geschmack durch die ausschließliche Fütterung mit Heu und Stroh.

Entrecôte für „Farmers“ vom Galloway-Rind aus dem Farmhouse

Fleisch:

Marinade aus Olivenöl, grobem Meersalz, frischen Kräutern (Thymian und Rosmarinnadeln), gemahlenem Pfeffer und 4 in Scheiben geschnittenen Knoblauchzehen herstellen. Entrecôte 3–4 Stunden im Kühlschrank in der Marinade ziehen lassen.

Anschließend Knoblauch und Kräuter entfernen (bitte aufheben und zur Seite stellen). Fleisch von allen Seiten in heißem Olivenöl scharf anbraten. In einen Bräter geben und mit den Kräutern und dem Knoblauch bei 80–100 Grad 90 bis 120 Minuten garen, so dass es innen noch rosa ist.

Grilltomaten:

Die gewaschenen kompletten Tomatenrispen auf das Backblech legen. 3 Knoblauchzehen, Meersalz, Rosmarin- und Thymianzweige dazugeben und großzügig mit Olivenöl begießen. Parallel zum Fleisch im Backofen garen.

Sauce:

Die Knochenbrühe auf die Hälfte reduzieren, Rotwein, Tomatenmark und Crème fraîche dazugeben. Weiter köcheln lassen und mit Salz, Pfeffer und eingelegtem grünen Pfeffer würzen.

Dazu passen Moritz' Kartoffelspalten aus dem Ofen und grüner Salat mit Rikas Spezial-Vinaigrette.

Eierspeise!

(für 6 Personen oder eine halbe Footballmannschaft)

1,5–2 kg Entrecôte

Olivenöl

grobes Meersalz

Rosmarin

Thymian

schwarzer Pfeffer

7 Knoblauchzehen

500 g Kirschtomaten

1 L selbstgemachte Knochenbrühe (siehe Seite 72)

250 ml Rotwein

4 EL Tomatenmark

Salz, Pfeffer

1 EL eingelegter grüner Pfeffer

2 EL Crème fraîche

Dieses war der erste Streich …

Moritz mag Hähnchenschenkel. **Auf seine Kartoffelspalten wäre sogar Witwe Bolte neidisch.**

An der Angel!

MORITZ STRAHL –

EIN WISSENSHUNGRIGER NACHWUCHS-KOCH

Moritz hat viel auf der Pfanne

Moritz Strahl aus Gemünden hat so viel Wissensdurst, dass er neben der Grundschule einmal wöchentlich noch den „Entdeckertag" besucht. Moritz erfährt dort ganz viel über die Themen, die ihn unglaublich interessieren: Technik, Physik und Chemie. „Wir haben sogar schon mal Experimente mit Schwarzpulver gemacht", erzählt Moritz begeistert. Ihn faszinieren Formel 1-Rennwagen und Flugzeuge: Wie sie funktionieren, warum sie so schnell sind und wie sie noch rasanter werden können.

Bruder Max

Auch bei Ute und Rainer Wengenroth, den Kindheitsfreunden seiner Eltern, schaut Moritz gerne über die Schulter. Rainer hat so viele spannende Fotoapparate mit unzähligen Reglern und Knöpfen, deren Funktionen allesamt durchschaut werden wollen. Und bei Ute kann man wunderbar Kochen lernen. Sein kleiner Bruder Max ist noch zu klein, um selbst die Bratpfanne zu schwingen. Aber auch er schätzt Moritz' selbst gemachte Pommes frites, die würzigen Kartoffelspalten aus dem Ofen. Wie die literarischen Vorbilder bei Wilhelm Busch mögen die Strahl-Brüder auch gerne Hähnchen, aber am liebsten ohne Witwe Boltes Sauerkohl.

Schule mit Eisdiele

Dieses war der erste Streich, was folgt als Nächstes bei Moritz? „Ich würde gerne aufs Gymnasium nach Westerburg gehen, da kann man Latein lernen, und außerdem ist direkt gegenüber eine Eisdiele." Eine wirklich coole Schule!

Was Moritz mag

Historisch wahre Geschichten wie die von der Titanic, die Fische in seinem Aquarium, Formel 1, Dippekuchen mit Apfelmus, seinen Bruder Max (meistens).

Was Moritz nicht mag

Musik und Singen in der Schule, Leberkäs', seinen Bruder Max (manchmal, wenn er nervt).

Hähnchenschenkel mit Kartoffelspalten

4 Hähnchenschenkel

Salz, Pfeffer

Paprikapulver

2 unbehandelte Zitronen

500 g Kartoffeln

5 Knoblauchzehen

2 EL Olivenöl

Kartoffeln waschen und vierteln.

Hähnchenschenkel waschen, trocken tupfen und zusammen mit den Kartoffeln in eine große Auflaufform legen. Mit Salz, Pfeffer und Paprika kräftig würzen. Zitrone in Scheiben schneiden und mit den ungeschälten Knoblauchzehen in die Auflaufform geben. Mit etwas Olivenöl beträufeln. Im vorgeheizten Backofen ca. 45 Minuten bei 200 Grad braten. Kartoffeln 1–2 Mal wenden.

Dazu passt: Rikas Salat (siehe Seite 168).

Max und Moritz...

Schnupdiwup! Dich haben wir!!

Eben geht mit einem Teller
Witwe Bolte in den Keller,
Daß sie von dem Sauerkohle
Eine Portion sich hole,
Wofür sie besonders schwärmt,
Wenn er wieder aufgewärmt.

Unterdessen auf dem Dache
Ist man tätig bei der Sache.
Max hat schon mit Vorbedacht
Eine Angel mitgebracht.

Schnupdiwup! Da wird nach oben
Schon ein Huhn heraufgehoben.
Schnupdiwup! Jetzt Numro zwei;
Schnupdiwup! Jetzt Numro drei;
Und jetzt kommt noch Numro vier:
Schnupdiwup! Dich haben wir!! –
Zwar der Spitz sah es genau
Und er bellt: Rawau! Rawau!

Aber schon sind sie ganz munter
Fort und von dem Dach herunter. –
Na! Das wird Spektakel geben,
Denn Frau Bolte kommt soeben;
Angewurzelt stand sie da,
Als sie nach der Pfanne sah.

Alle Hühner waren fort. –
„Spitz!!" – Das war ihr erstes Wort.

„O du Spitz, du Ungetüm!
Aber wart! Ich komme ihm!"

Mit dem Löffel groß und schwer
Geht es über Spitzen her;
Laut ertönt sein Wehgeschrei,
Denn er fühlt sich schuldenfrei.

Max und Moritz im Verstecke
Schnarchen aber an der Hecke,
Und vom ganzen Hühnerschmaus
Guckt nur noch ein Bein heraus.
Dieses war der zweite Streich,
Doch der dritte folgt sogleich.

von
Wilhelm
Busch

CLAUDIA SCHÄFER-TRUMM –

BOCK AUF ZIEGE

Westerwälder Ziegenkäse von Anna, Emma – und Claudia

Wenn Claudia Schäfer-Trumm Träume hat, dann erfüllt sie sie auch.

Bei einem gemütlichen Fernsehabend auf der Couch fing die Liebe an. Claudia Schäfer-Trumm schaute eine TV-Dokumentation über eine Ziegenkäse-Manufaktur und fing augenblicklich Feuer. „Ich will Ziegen haben", eröffnete die Personalchefin ihrem Mann, einem Verwaltungs- und Betriebswirt mit Schlips und Kragen. Und sie ließ nicht locker, bis drei weiße Deutsche Edelziegen den neu erbauten Stall in Oberrod im Westerwald bezogen.

Bis 5 Liter – da kann man nicht meckern!

Mittlerweile teilen sich die drei Ursprungsziegen Anna, Emma und Paul das frisch gemähte Heu mit rund 60 Artgenossen und Claudia Schäfer-Trumm ist von der „Hobby-Ziegenbäuerin" zur erfolgreichen Unternehmerin geworden, deren „Kleine Fromagerie" einen Gourmetpreis nach dem anderen einfährt; zuletzt eine Prämie des „Feinschmecker"-Magazins. Die zwei bis fünf Liter Milch, die jede Ziege täglich gibt, werden zu leckeren Frisch-, Weich- und Hartkäsesorten verarbeitet.

Tausenderlei Rezepte kennt Claudia mittlerweile: mit Pinienasche, im Heu- oder Tannenrinden-Mantel, mit Chili-Schokolade usw. Sie lässt sich bei Restaurantbesuchen oder Streifzügen durch den Kräutergarten inspirieren.

Sinfonie der Sinne

Claudia denkt langfristig und geht verantwortungsvoll mit den Tieren und der Natur des Westerwalds um. Davon kann man sich bei einem Besuch in ihrem Bauerngarten oder bei einer Stallbesichtigung überzeugen. Dabei erfährt man auch, dass nur die Böcke die verpönte, heftige Duftmarke haben. Ob es den Ziegenmännern wiederum stinkt, dass sie recht bald nach dem Fortpflanzungsakt schon mit Rosmarin im Topf landen, ist dabei nicht herauszubekommen. Wie wohlschmeckend Claudias Liebe zur Natur ist, erleben die Besucher der regelmäßig stattfindenden „Sinfonien der Sinne" aber sehr wohl. Dort serviert man ein 7-Gänge-Menu, das einem deutsch-französischen Loblied auf die Hauptzutat Ziegenkäse gleicht.

REISE IN DIE GUTE ALTE ZEIT ...

In der Natursteinküche mit holzgefeuertem Herd bekommt jeder sofort Lust zu helfen.

Lachsröllchen auf Ziegenfrischkäse-nockerln

Wildräucherlachs in Scheiben

Ziegenfrischkäse

frischer Dill

geriebener Meerrettich

1 Limette

Salz, Pfeffer

Dill fein hacken und mit Ziegenfrischkäse verrühren. Mit Salz, Pfeffer und Meerrettich abschmecken. Die Ziegenfrischkäsemasse mit 2 Teelöffeln zu kleinen Nockerln formen und auf einem Amuse gueule-Löffel anrichten. Die Lachsscheiben zu dünnen Röllchen formen und auf den Nockerln platzieren. Mit Limettensaft, einer Limettenscheibe und Dill garnieren. Zum Aperitif servieren.

Mehl und Olivenöl mit einer Prise Salz und 4 EL Eiswasser verkneten. Den Teig nicht zu fest werden lassen. Dann in Frischhaltefolie wickeln und eine Stunde im Kühlschrank ruhen lassen.

Das Gemüse für den Belag fein hacken und in Olivenöl dünsten. Am Schluss mit dem Frischkäse verrühren. Die Sahne mit dem Ei, Salz, Pfeffer, Muskat und fein geschnittenen Kräutern verquirlen.

Den Teig für die Tarte ausrollen und in eine gefettete Form legen. Das gedünstete Gemüse mit dem Frischkäse darauf verteilen und mit der Sahne-Ei-Mischung übergießen. Anschließend 50 Minuten bei 180 Grad im vorgewärmten Ofen backen.

Schmeckt am besten lauwarm.

Ziegenkäsetarte

Für den Teig:

250 g Dinkelmehl

70 ml Olivenöl

Salz

Für den Belag:

2 kleine Zucchini

1 Fenchelknolle

2 Paprikaschoten

1 rote Zwiebel

1 Knoblauchzehe

3 Frühlingszwiebeln

1 Ei

200 g Ziegenfrischkäse

200 g Sahne

Salz, Pfeffer

Muskat

frische Kräuter der Saison

LAUWARM **AM BESTEN.**

Diese Tarte ist als Apéritif oder Vorspeise zu genießen.

Dazu schmeckt ein Rosé aus der Provence.

TIERISCH GUT: SAUBOHNEN ZUR ZIEGE.

Die Vinaigrette ist komponiert aus Oliven- und Kürbisöl, Balsamico und Holunderessig. **Als süße Krönung des Ganzen Löwenzahnhonig.**

Bohnensalat

Sau- und Feuerbohnen über Nacht in Wasser einweichen und mit frischem Bohnenkraut 1 Stunde in ungesalzenem Wasser kochen. Kalt abschrecken.

Für die Vinaigrette die Zwiebel mit der Frühlingszwiebeln fein hacken und gut mit den übrigen Zutaten verrühren. Dabei das Öl zuletzt zugeben.

Die abgekühlten Bohnen in die Vinaigrette geben und unterrühren. Zum Schluss mit Blüten aus dem Garten dekorieren.

Für die Bohnen:

Saubohnen (Dicke Bohnen)

Feuerbohnen

frisches Bohnenkraut

Für die Vinaigrette:

Olivenöl

Kürbiskernöl

Balsamicoessig

Holunderessig

Löwenzahnhonig

1 Zwiebel

Frühlingszwiebeln

Salz, Pfeffer

KEINE BOCKSPRÜNGE, BEVOR DIE GÄSTE KOMMEN.

Diese Keule vom jungen Ziegenböckchen **lässt sich prima vorbereiten.**

Bouquet garni...

Keule vom jungen Ziegenböckchen

Die Ziegenkeule in Öl, Rosmarin, Thymian und Knoblauch mehrere Stunden marinieren. Das Fleisch von allen Seiten anbraten und mit Gemüsebrühe ablöschen. Die Milch angießen und das Bouquet garni (z. B. Salbei, Rosmarin, Thymian, Lorbeer) dazugeben.

Die Keule im geschlossenen Bräter 1 ½ Stunden bei 180 Grad im Backofen garen.

- 1 Ziegenkeule
- 1 L Milch
- Olivenöl
- Rosmarin
- Thymian
- Knoblauch
- Gemüsebrühe
- Bouquet garni (Kräutersträußchen)

„Gezickte“ Garnelen

Die Garnelen in Olivenöl und feingehacktem Knoblauch marinieren. Aus der Gurke „Tagliatelle“ schneiden (am besten mit dem Sparschäler). Den Ziegenfrischkäse mit Salz, Pfeffer und fein gehacktem Ingwer abschmecken und mit Hilfe einer Spritztülle auf längliche Teller spritzen. Die Saatgurken-Tagliatelle mit einer Gabel aufrollen und auf dem Ziegenfrischkäse anrichten. Die Garnelen in Olivenöl garen, auf dem Gurken-Frischkäsesalat verteilen und mit Ingwerhonig beträufeln. Mit Borretschblüten dekorieren.

Ziegenkäse-Polenta

350 ml Milch

400 g Maisgries

2 mittelgroße Zwiebeln

Olivenöl

schwarze Oliven

frisches Olivenkraut (ersatzweise Blattpetersilie)

200 g Ziegenfrischkäse

350 ml Salzwasser und 350 ml Milch zum Kochen bringen, den Maisgries einrühren und eine halbe Stunde ziehen lassen.

Die Zwiebeln fein hacken und in Olivenöl andünsten. Schwarze Oliven und Olivenkraut kleinschneiden und zusammen mit den Zwiebeln und dem Frischkäse unter die Polentamasse heben. Das Ganze in Frischhaltefolie zur Rolle formen und eine Stunde im Kühlschrank ruhen lassen. Danach in Scheiben schneiden und in Olivenöl anbraten.

rohe Garnelen (frisch oder TK)

Ziegenfrischkäse

1 Salatgurke

frischer Ingwer (in Honig eingelegt)

Knoblauch

Olivenöl

Salz, Pfeffer

BEI DEN „SINFONIEN DER SINNE“ IN DER KLEINEN FROMAGERIE ...

... kredenzt Claudia Schäfer-Trumm sieben Gänge, allesamt mit Ziegenkäse.

Geheimtipp ... rechtzeitig Plätze reservieren!

Heu(te) ist Ziegen-Glückstag!

Alles Käse!

Ziegenkäse in **der Rinde.**

Geröstete Haselnüsse zu Ziegenkäse aus dem Ofen ergeben zusammen eine perfekte Aroma-Harmonie. Wie wäre es dazu mit einem Haselnussgeist unseres Edelbrandsommeliers?

FÜR DIE BEIDEN MANAGER **IST KOCHEN TEAMWORK.**

Katharine und Michael sind beruflich sehr gefragt.
Deshalb genießen sie das gemeinsame Kochen mit Muße.

KATHARINE SCHNELTING-ANSLINGER UND MICHAEL ANSLINGER –

VOM FORMATIONSTANZ INS HOHE MANAGEMENT

Sicher über jedes Parkett

Privat kocht Katharine Schnelting-Anslinger gerne mit Muße zusammen mit ihrem Sohn Jan-Cedric. Ihr Mann kümmert sich dann um die „Hilfs- und Spanndienste“. Die Kochrunden im kleinen Kreis sind ein schöner Ausgleich für den aufreibenden Job der beiden.

Zahlenmenschen

Katharine Schnelting-Anslinger ist sowohl Leiterin Controlling bei einer großen deutschen Fluggesellschaft als auch Geschäftsführerin eines Konferenzhotels an der Bergstraße. Michael ist Finanzvorstand des größten deutschen Schienentransportunternehmens im Güterverkehr. Beide lieben die wenige freie Zeit zu Hause. Ursprünglich kommen sie aus dem Rheinland und der Beruf hat sie nach Limburg verschlagen. Wie so oft hält das (Berufs)Leben solche Überraschungen bereit.

Führungsaufgaben

Katharine war immer schon ein Zahlenmensch und gilt dennoch als gestaltende Generalistin. Vor ihrem Umzug ins Rhein-Main-Gebiet hat sie Formation getanzt und auch trainiert. Im Nachhinein betrachtet sie diese Erfahrungen aus dem Tanzbereich auch heute noch als nützlich für ihre tägliche Arbeit, insbesondere für den Umgang mit Menschen und die Organisation der unterschiedlichen Aufgabenstellungen. Auch in luftigen Management-Höhen gilt, dass man nur mit entsprechender Kreativität, als Team und im koordinierten Gleichschritt weiterkommt.

Überbackene Schnitzel

8–10 kleine, dünne Schnitzel vom ausgelösten Kotelett

Salz, Pfeffer

Paniermehl

2 Eier

4 Zwiebeln

200 g magere Schinkenwürfel

Öl

Sahne

Schnitzel mit Salz und Pfeffer würzen. In Ei und Paniermehl wenden und von beiden Seiten goldbraun braten.

Zwiebeln schälen und würfeln. Mit den Schinkenwürfeln in Öl anbraten.

In einer Auflaufform Schnitzel und die Zwiebel-Schinken-Würfel verteilen. Mit Sahne übergießen, so dass alles bedeckt ist.

Im Backofen ca. 45 Minuten bei 160 Grad überbacken.

Dazu passen Bandnudeln oder Salzkartoffeln mit grünem Salat.

Goldbraun gebraten!

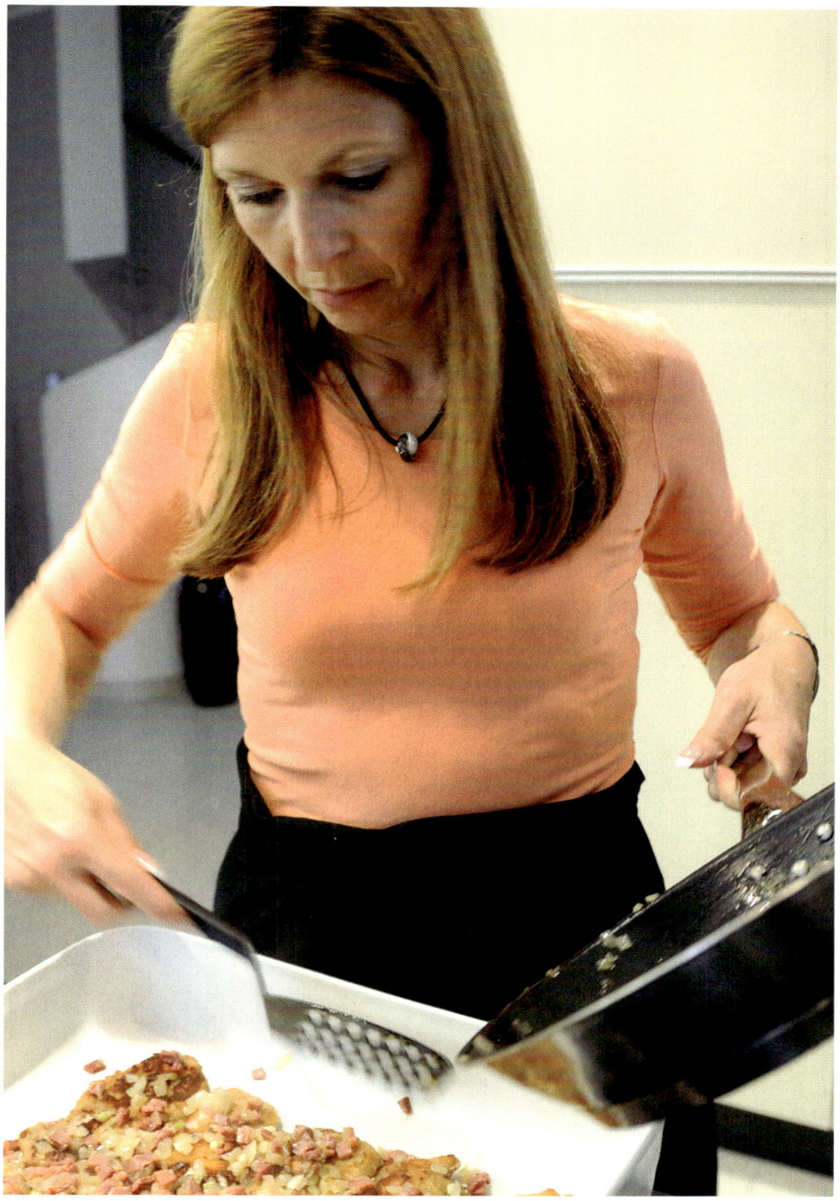

RUDOLF JUNG –

ÄHRENSACHE!

Wer zuerst mahlt, backt zuerst.

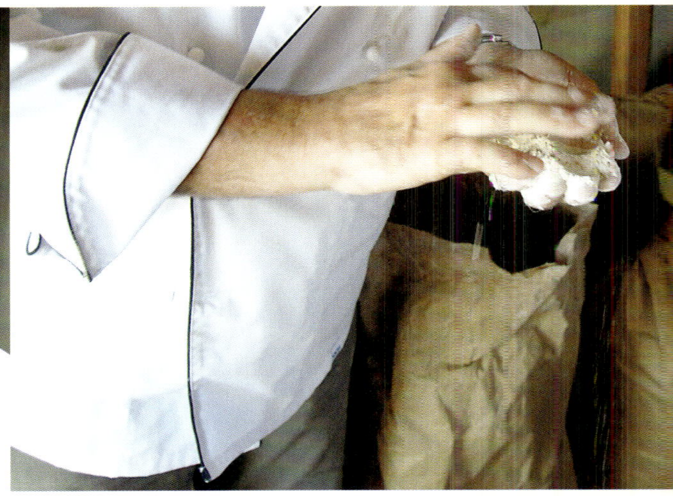

Seit 1610 mahlt die Familie Rudolf Jung Mehl in Westerburg. Der Großvater des jetzigen Inhabers kaufte 1887 die Mühle am heutigen Standort und gründete 1889 neben der Mühle eine Bäckerei, wo das eigene Mehl zu Brot gebacken wird.

Noch heute treibt der Westerburger Mühlgraben das große Wasserrad der Mühle an und mahlt viel schonender als jede Industriemühle. Über fünf Stockwerke erstreckt sich das Mühlengebäude, wo auf Walzenstühlen duftendes Roggenmehl entsteht. Über 30 Siebe fein gefiltert, gelangt das Mehl in die Backstube.

Verwurzelter Betrieb

In der 11. Generation ist der Mühlenbäcker tiefverwurzelt mit dem Westerwald und seinem Brauchtum. Ein Brot des Hauses ist zum Beispiel nach dem Spitznamen der Westerburger Bevölkerung benannt: das „Krautschisser-Brot". Ein lockeres Roggenbrot mit Dinkelvollkornmehl. Ideal für Groß und Klein – bestrichen mit Quetschekraut (Pflaumenmus) ein nostalgischer Genuss.

Regionale Zutaten

Viele Zutaten liefern ausgesuchte Bauern aus dem Westerwald und der vorderen Eifel, die der Mühlenbäcker regelmäßig persönlich besucht. Das Brotgetreide für die Mühle kommt ausschließlich aus dem Neuwieder Becken, die Erdbeeren aus Wachtberg bei Bonn, die Pflaumen aus Mühlheim-Kärlich, die Eier aus der vorderen Eifel und die Frischmilch vom Milchhof Höfer aus Hövels und die verarbeiteten Wurstwaren von Westerwälder Metzgern.

Stärkende Suppe

Für das Kochbuch hat der sympathische Mühlenbäcker eine Gerstensuppe mit Butterklößchen ausgewählt, die seine Mutter früher immer freitagabends vorkochte. Am besonders arbeitsreichen Samstag wurde sie dann mittags zur Stärkung der Müllerburschen aufgetischt.
Gerne serviert Rudolf Müller die Gerstensuppe stilecht in der Brotschüssel, einem kleinen Brot, das ausgehöhlt und dessen abgetrennte „Zipfelmütze" dann wieder als Deckel aufgesetzt werden kann. Eine gute Idee für Ihre nächste Party? In den Mühlenbäckereien können sie die Brotschüsseln jederzeit vorbestellen. Schön, weil man diese Suppenteller nicht spülen muss und sie auch noch ausgesprochen lecker sind.

Mahltalent!

Seit Jahrhunderten treibt das
Wasserrad die Mühle an.

Schonend wird hier über fünf Stockwerke Roggenmehl gemahlen und durch 30 Siebe gefiltert.

Seit 1889 backt der Mühlenbäcker mit eigenem
Mehl aus Westerwälder Getreide.

www.die-muehlenbaecker.de
EIN STÜCK HEIMAT
altes Handwerk –
zeitgemäße Backkultur
... wie das duftet!

hier backt ...

Graupensuppe mit Rindfleisch und Klößchen

Für die Suppe:

150 g Graupen
500 g Rindfleisch
100 g Dörrfleisch
3 L Rinderbrühe
1 Zweig Liebstöckel
1 kleiner Kohlrabi
1–2 Möhren
1 Stange Lauch
80 g Bohnen
80 g Erbsen
1 Kartoffel
Salz, Pfeffer

Für die Klößchen:

1 Brötchen
50 g Butter
80 g Semmelbrösel
1 Ei
½ Bund Petersilie
Salz, Pfeffer, Muskat

Für die Suppe:

Graupen, Rindfleisch und Liebstöckel in der Brühe ca. 2 Stunden kochen. Fleisch und Liebstöc herausnehmen. Die Kartoffel, Kohlrabi, Möhren und Lauch kleinschneiden und mit den Bohner und den Erbsen für 40–60 Minuten in der Brühe kochen (je nach gewünschter Bissfestigkeit). Das Fleisch kleinschneiden und zusammen mit den Klößchen ca. 10 Minuten mitkochen. Zum Schluss mit Salz, Pfeffer und Maggi abschmecken und die klein geschnittene Petersilie einstreuen.

Für die Klößchen:

Das Brötchen grob zerteilen und in Wasser einweichen. Die Butter in einer Pfanne braun werd und abkühlen lassen. Das Brötchen gut ausdrücken und mit der abgekühlten Butter, dem Ei, c Semmelbröseln und der kleingehackten Petersilie verrühren. Mit Salz, Pfeffer und Muskat wür Die Masse zu Klößchen formen und etwa 10 Minuten in der Suppe mitkochen lassen.

... der

f persönlich!

VOLKER MANN –

KOCHEN IST DIE BESTE MEDIZIN

Mundipharma Außendienst-Leiter Praxis, verwöhnt gerne Gäste – und nordet Hessen ein

Schon als kleiner Junge wollte Volker Mann gerne Koch werden und war so z. B. bei den Pfadfindern für die Versorgung der Truppe zuständig. Beruflich fand er dann letztlich seine Bestimmung in der Pharmabranche, aber Kochen bleibt trotzdem ein roter Faden in seinem Leben. „Allein deshalb, weil man schnell Ergebnisse sieht und die Rückmeldung beim Bekochten so ehrlich im Gesicht abzulesen ist.“ Einkaufen, brutzeln, abschmecken, Wein aussuchen – all das zählt zu seinen Lieblingsbeschäftigungen zu Hause. „Man hat schließlich nur ein Leben! Und da möchte ich gut essen und trinken und Spaß haben an dem, was ich tue“.

Motiviert

Auch beruflich hat er viel Spaß an seiner Aufgabe, das merkt man Volker Mann schnell an. „Mundipharma ist ein flexibles, familiäres, innovatives und sehr attraktives Unternehmen. Die Mitarbeiter sind hochmotiviert und unternehmen auch privat mal etwas zusammen.“ Der Außendienst-Leiter schätzt neue Herausforderungen und deshalb die Möglichkeiten bei Mundipharma, neue Wege zu gehen. Auch für die Mitarbeiter wird im Betrieb sehr viel getan; auf Weiterbildung und Zertifizierung wird großen Wert gelegt – ebenso wie auf Teamgeist und konstruktives Miteinander. „Lust am Arbeiten“ ist Volker Manns großer Antrieb: „Wenn diese nicht mehr da wäre, würde ich aufhören, denn widerwillig zur Arbeit zu gehen, käme für mich nicht in Frage!“

Eingenordet

Privat hält sich Volker Mann von negativ eingestellten Zeitgenossen fern. „Nörgler und Pessimisten sind bei mir an der falschen Adresse“, erklärt der Vertriebsprofi. Wenn der Fluchtreflex spontan einsetzt, auch gerne mit seiner Honda Fury, dem – nach Volker Manns Ansicht – schönsten Motorrad der Welt. Seiner (Minderheiten-)Meinung nach ist aber auch das Wetter in Schleswig-Holstein besser als sein Ruf. Volker muss es eigentlich wissen, er nennt ein Ferienhaus in seiner „gefühlten Heimat“ zwischen Kiel und Fehmarn sein Eigen. Er vermietet es auch durchaus mal an ungläubige Hessen*, die dann häufig geläutert als Holstein-Fans zurückkehren. Volker ist eben ein echtes Verkaufstalent.

Weinempfehlung

Volker Mann empfiehlt als Apéritif und durchaus auch zum Ziegenkäseschiffchen einen gut gekühlten Weißwein „Entre deux mers“. Auch zum Steak bleibt er vinologisch im Bordelais und präsentiert (mangels trinkbaren norddeutschen Rotweinen) zum Steak einen Margaux.

** Allen Hessen, die seine Herzensregion im Kreis Plön besuchen, empfiehlt Volker Mann, das Gut Panker anzuschauen. 1739 hat es Friedrich I., Landgraf von Hessen und König von Schweden, gekauft. „Ole Liese“ (nicht Fury!) heißt ein Restaurant, das sich heutzutage auf dem Gutshof befindet – benannt nach dem Lieblingspferd des ersten hessischen Gutsherren.*

SCHIFFCHEN **FÜR KÜSTENLIEBHABER ...**

Wenn Volker Mann die Sehnsucht nach der See überkommt, **backt er einfach ein paar Schiffchen**

Nordlicht!

KARAMELLISIERTER ZUCKER. PORTWEIN. PIMENT. NELKEN. ROTWEIN.

4 Rinderfiletsteaks

200 ml Rotwein

100 ml Portwein

3 Nelken

3 Pimentkörner

8 Schalotten

2 EL Zucker

3 EL Öl

1 EL Butter

1 EL gesalzene Butter

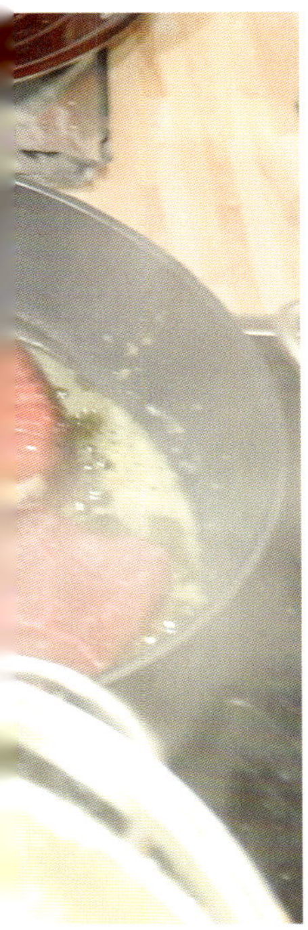

Rinderfilet in Portweinsauce

Schalotten schälen und vierteln. 2 EL Zucker in einem Topf karamellisieren. Rotwein und Portwein angießen. Nelken und Piment dazugeben. Kurz aufkochen, bis sich der Zucker auflöst. Schalottenwürfel in den Rotweinsud geben und ca. 30 Minuten köcheln lassen. Zum Schluss mit kalten Butterflöckchen binden.

Öl und Butter in einer Pfanne erhitzen. Filets von beiden Seiten kurz anbraten. Aus der Pfanne nehmen und einzeln in Alufolie wickeln. Im vorgeheizten Backofen bei 80 Grad warm halten und ruhen lassen.

Dazu passen getrüffeltes Kartoffelpüree und Lauchgemüse.

Ziegenkäse-Feigen-Schiffchen

Öl erhitzen, Rosmarin darin ca. 15 Sekunden frittieren und auf Küchenpapier abtropfen lassen.

Aus dem Blätterteig vier Schiffchen schneiden, auf Backpapier legen und mit Eigelb bestreichen. 1 TL Feigensenf in die Mitte geben und die Frischkäsetaler darauf legen. Im vorgeheizten Backofen bei 200 Grad Umluft ca. 10 Minuten goldbraun backen.

Mit Feigenvierteln, Feigen-Balsamicocreme und roten Pfefferkörnern auf Tellern anrichten. Zum Schluss den Rosmarinzweig als Mast aufs Schiffchen setzen.

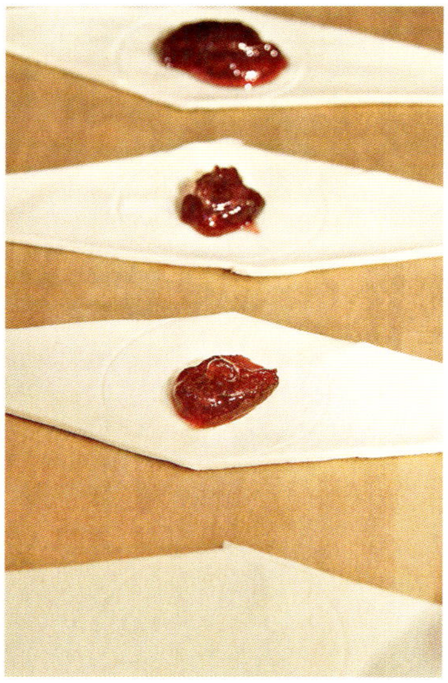

150 g Zartbitterschokolade (70% Kakao)

90 g Butter

3 Eier

40 g Mehl

120 g Zucker

Schokoküchlein „Da läuft was“

Die Butter und die Schokolade zusammen schmelzen lassen.

120 g Zucker und 40 g Mehl in eine Schüssel geben. Die 3 Eier hinzufügen und solange verrühren, bis der Teig glatt ist.

Vorsichtig die abgekühlte, weiche Butter-Schokoladen-Masse unterrühren.

Die Innenseiten von 4 feuerfesten Förmchen mit Butter ausstreichen und bemehlen. Die Förmchen zu jeweils ¾ mit Teig füllen. Den Ofen vorheizen und die Schokotörtchen 12 Minuten bei 200 Grad backen.

Mit Orangenfilets servieren.

Volle Kraft Backbord!

1 Päckchen Blätterteig (gerollt)

1 Eigelb

4 TL roter Feigensenf

4 Ziegenfrischkäse-Taler

1 TL rote Pfefferkörner

1 Feige

4 Rosmarinzweige

Öl zum Frittieren

Feigen-Balsamicocreme

ZUM **DAHINSCHMELZEN …**

„Fondant“ heißen diese Schokoküchlein aus der französischen Küche. Übersetzt: „schmelzend“. Verführer, denen niemand widerstehen kann …

⅓ L Hühnerbrühe

⅔ L Kokosmilch

100 g Zitronengras

30 g Galgant (frische Ingwerwurzel; wenn vorhanden)

20 g Ingwer

30 Kafir-Limettenblätter (wenn vorhanden)

50 ml Sojasauce

Chili nach Gusto

frischer Thai-Koriander

Saft von 1 Limette

Zitronengras-Suppe*

Vom Zitronengras äußere Blätter und Strunk entfernen und den inneren Teil fein hacken. Galgant und Ingwer fein hacken, andünsten und mit Brühe und Kokosmilch aufgießen. Die Stiele des Thai-Korianders mitkochen, die Blättchen für die Garnitur zur Seite legen. Limettenblätter dazugeben. 10 bis 15 Minuten köcheln lassen. Mit Chili und Sojasauce, Limettensaft, Salz und Pfeffer abschmecken. Kafir-Limettenblätter und Koriander-Stiele entfernen und anschließend die Suppe fein pürieren und nicht mehr aufkochen. Mit den Thai-Korianderblättern servieren.

Dazu passen gebratene Riesengarnelen oder Jakobsmuscheln.

* Herzlichen Dank an Franz Josef Maier, der Ute und Rainer dieses Rezept verraten hat – auch wenn das Original von Franz Josef unerreicht bleibt, kochen sie es gerne nach. Ute: „Wir durften schon gemeinsam in seinen Kirschner Stuben in Rottach-Egern am Tegernsee mit diesem unglaublich kreativen und begnadeten Koch am Herd stehen. Wir freuen uns auf unseren nächsten gemeinsamen Koch-Tag am Tegernsee."

Kichererbsensalat aus dem Land des Lächelns

5 Möhren

500 g Kichererbsen aus dem Glas

2 EL schwarzer Sesam

3 Frühlingszwiebeln

1 rote Paprika

1 Chilischote

2 TL Currypaste

1 EL Chilimarmelade*

2–3 EL Sojasauce

2 EL Sesamöl

3 EL Walnussöl

3 EL Reisessig

1 Zitrone

1 Stängel Zitronengras

frischer Koriander

Salz, Pfeffer

1 EL Honig

1 rote Zwiebel

1 Glas (150 g) Bambussprossen

Sesam und Walnussöl erhitzen. Strunk aus der Chilischote entfernen. Chili grob schneiden, in heißem Öl fritieren und anschließend aus dem Öl entfernen. Zwiebel schälen, fein würfen und in heißem Chili-Öl kurz glasig werden lassen.

Möhren, Frühlingszwiebeln, Paprika putzen und in feine Streifen schneiden. Kichererbsen und Bambussprossen abtropfen. Sprossen auch in feine Streifen schneiden. Korianderblätter und Zitronengras hacken.

Alles vermischen und mit Zitronensaft, Reisessig, Honig, Sojasauce, Salz, Pfeffer, Chilimarmelade und Currypaste würzen. Sesam in einer Pfanne kurz anrösten und über den Salat geben.

* siehe Rezept Flower-Power auf Seite 221.

WILLKOMMEN IN CHINA

Angelika Schutzbach-Böhme hat lange in China gelebt und
viele original chinesische Rezepte mitgebracht.

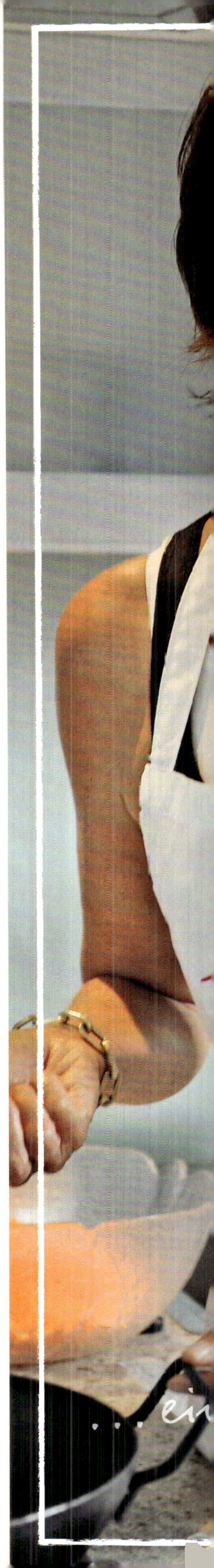

ANGELIKA SCHUTZBACH-BÖHME –

SO-JA GERNE: DIE ECHTE! CHINESISCHE KÜCHE

Unverfälschte Hochgenüsse aus dem Reich der Mitte

Wie groß ist die Gemeinsamkeit zwischen einem ausgewachsenen Mammutbaum und einem welken Bonsaibäumchen? So ähnlich verhält es sich auch mit dem Essen beim Chinesen irgendwo in Deutschland um die Ecke und der echten chinesischen Küche im Land, die so ungemein vielfältig ist. Jede Zutat und jede Speise soll ihren ursprünglichen Geschmack bewahren und nicht durch wildes Vermischen verfälscht werden.

Ferner Osten

Angelika Schutzbach-Böhme hat lange im Reich der Mitte gelebt. Nach dem Studium ist sie nach Tsingtao, in eine ehemalige deutsche Kolonie im Nordosten Chinas, ausgewandert. Angezogen vom Mystischen des fremden Landes, stürzte sie sich neugierig in diese schwer zu entschlüsselnde Kultur. Ihr Nebenfachstudium Chinesisch versetzte sie zwar in die Lage, die Zeitung zu lesen – aber das Sprechen lernte sie erst im Land. Die Jahre in Fernost prägten Angelika beruflich wie privat. „Ich habe eine neue Sicht auf die Welt – und auch auf unser westliches Dasein – gewonnen." In Europa sind der Einzelne, seine Selbstfindungsproblemchen und die persönliche Freiheit so immens wichtig, erzählt die Globetrotterin.

**Wichtig: Je mehr Sie Ihren Tafelgefährten respektieren und achten, desto tiefer stoßen Sie sein Glas an.*

Unbekannte Rituale

In China zählt hingegen die Gemeinschaft mehr und auch die Rituale, die man erst mit der Zeit durchschaut. Warum man etwa die Stäbchen nicht im Reis stecken lassen darf; dass es wichtig ist, an welcher Stelle man das Glas des Gegenübers anstößt* und warum man das servierte Fischauge unbedingt herunterschlucken muss – all diese kulturellen Besonderheiten hat Angelika mit der Zeit kennen und auch zum großen Teil schätzen gelernt. Selbst an noch lebendige Fische auf ihrem Teller hat sie sich zwischenzeitlich nach einer unsanften Schocktherapie gewöhnt.

Faszinierendes Land

Zurück in Deutschland hat sie nicht nur ihren Mann Thomas, sondern die gesamte Familie mit ihrer (keineswegs blinden) Liebe zu dem – nicht immer schönen, aber durchweg faszinierenden – Land angesteckt. Auch ihre vierjährige Tochter wächst im germanischen Limburg inmitten von asiatischen Möbeln und mit häufigem Besuch von chinesischen Freunden auf. Und natürlich mit den authentischen chinesischen Rezepten, die Angelika Schutzbach-Böhme mitgebracht hat und so oft es geht auf den Tisch bringt.

Getränkeempfehlung

Chinesen trinken sehr gerne Bier zum Essen.

5 Karotten

Erdnussöl

1 Chili-Schote

frischer Koriander nach Belieben

chinesischer Essig

Sesamöl

Knoblauchsprösslinge

Salz und Zucker

Karottensalat

Karotten entweder in feine Streifen schneiden oder in der Küchenmaschine grob schnitzeln. Dann ausgiebig salzen und mindestens 10 Minuten ziehen lassen. Später das Salz gut ausspülen und das Ganze trockentupfen.

Etwas Öl (ca. 5 EL) im Wok heiß werden lassen und grob zerteilte Chili-Schote darin anbraten. Das Öl mit den Schoten über die Karotten geben. Diese nun mit dem Sesamöl (sparsam verwenden!), Zucker, Salz und Essig abschmecken. Zuletzt den feingehackten Koriander und die in Streifen geschnittenen Knoblauchsprösslinge hinzugeben.

Erdnussöl

3 Tomaten

1 Schuss Sesamöl

2 Eier

1 Frühlingszwiebel in Scheiben geschnitten

1 fingerdickes Stück frischer Ingwer in Streifen geschnitten

Salz

Zucker

Auberginen

Erdnussöl

2 mittelgroße Auberginen

mindestens 15 EL Sojasauce

1–2 TL Sesamöl

1 TL Stärkemehl in ¼ L heißem Wasser angerührt

1 Frühlingszwiebel in Scheiben geschnitten

1 fingerdickes Stück frischer Ingwer in Streifen geschnitten

1 Zehe Knoblauch (in Scheibchen geschnitten)

Salz

Auberginen in nicht zu kleine Würfel schneiden und mit Sojasauce beträufeln, kurz ziehen lassen. Stärkeflüssigkeit mit Sojasauce mischen, Ingwer und Frühlingszwiebeln hinzugeben. Auberginen in etwas Erdnussöl kurz anbraten und aus dem Wok nehmen. Knoblauch in etwas Erdnussöl anbraten, bis es duftet. Dann Flüssigkeit und Auberginen hinzugeben.

Zum Schluss das Ganze noch mit etwas Sesamöl (sparsam) beträufeln.

Tomate mit Ei

Eier mit Sesamöl und 1 Prise Salz verrühren, in etwas Erdnussöl kurz anbraten und aus dem Wok nehmen.

Ingwer und Frühlingszwiebeln in etwas Erdnussöl anbraten, bis es anfängt zu duften. Dann die gewürfelten Tomaten hinzugeben. Das Ganze mit Salz und Zucker abschmecken und zum Schluss das Ei hinzugeben.

Hühnchen

Erdnussöl

250 g Hühnerbrust

1 Frühlingszwiebel in Scheiben geschnitten

1 fingerdickes Stück frischer Ingwer in Streifen geschnitten

1 TL Blütenpfeffer

5 EL Reiswein

5 EL Salzwasser

ca.10 EL Sojasauce

Sesamöl

1 TL Stärkemehl in ¼ L heißem Wasser angerührt

Blütenpfeffer im Mörser zerstoßen und in Reiswein einweichen.

Fleisch kleinschneiden. Stärkemehl, Ei und 5 EL Sojasauce schaumig schlagen und Fleisch darin marinieren. Ein paar Minuten einwirken lassen und dann anbraten, bis sich die Fleischstückchen voneinander gelöst haben. Aus dem Wok nehmen.

Etwas Erdnussöl erhitzen, Blütenpfeffermischung, Frühlingszwiebeln, Ingwerschnitzel, Reiswein, Salzwasser und Sojasauce hinzugeben und mit dem Fleisch auffüllen. Das Ganze unter ständigem Rühren noch einmal kurz braten und zum Schluss etwas Sesamöl darübergeben.

Schweinefleisch

Erdnussöl

1 Schweinelende

1 grüne Paprika

2 TL rohe Erdnüsse

1 Eiweiß

¼ L Fleischbrühe

1 Zehe Knoblauch (in Scheibchen geschnitten)

½ Zwiebel (gewürfelt)

5 EL Reiswein

5 EL Sojasauce

1 TL Ingwer-Pulver

1 TL Stärkemehl

Salz

Zucker

1 TL Chili-Öl

Fleisch in Streifen schneiden und salzen. Eiweiß, 1 EL Stärkemehl und 2 EL Reiswein gut vermischen. Das Fleisch in dieser Marinade mindestens 30 Minuten ziehen lassen. Erdnüsse in Erdnussöl kurz anrösten und aus dem Wok nehmen.

Brühe mit Sojasauce, Reiswein, 1 EL Stärkemehl, Zwiebeln, Knoblauch, 1 TL Ingwer-Pulver sowie einer Prise Salz und Zucker verrühren. Fleisch in Erdnussöl anbraten und aus dem Wok nehmen. Dann Paprika kurz anbraten und unter Rühren das Fleisch und die Sauce ebenfalls in den Wok geben.

Zum Schluss kommen das Chili-Öl und die Erdnüsse darüber.

Chinakohl

Erdnussöl

Chinakohl (ca. 20 Kohlblätter in größere Rauten geschnitten)

1 Chilischote

5 Körner Blütenpfeffer

chinesischer Essig

Zucker

Salz

Frühlingszwiebel mit Blütenpfeffer, Chilischote und einer Prise Salz anbraten.

Das Ganze mit dem Kohl auffüllen, der kurz geschmort wird, so dass er auf jeden Fall noch knackig bleibt.

Kurz vor dem Servieren mit Essig, Zucker und gegebenenfalls noch etwas Salz abschmecken.

Blattgemüse

Erdnussöl

Blattspinat, Mangold oder ein asiatisches Blattgemüse

1 Knoblauchzehe

1 EL Austernsauce

5 EL Sojasauce

ca. ½ TL Sesamöl (kann nach Geschmack variiert werden)

1 Prise Zucker

1 Prise Salz

Gemüse nicht zu klein zerpflücken, kleinere Blätter können ruhig erhalten bleiben.

2 TL Erdnussöl mit im Mörser zerkleinerter Knoblauchzehe, Austernsauce, Sojasauce, Sesamöl, Salz und Zucker mischen.

Gemüseblätter in etwas Erdnussöl kurz anbraten, bis sie in sich zusammenfallen, dann sofort die Würzmischung darüber geben und das Ganze umgehend servieren.

DIE SUPPE ALS **KRÖNENDER ABSCHLUSS**

Am Ende des Menüs wird die Suppe serviert. Der Karottensalat macht den Anfang. Die Reihenfolge der anderen Menubestandteile kann variiert werden.

Suppe

Fleisch kleinschneiden und marinieren: Salz, 1 Schuss Reiswein und etwas Stärkemehlflüssigkeit. Mindestens 30 Minuten ziehen lassen.

Karotten in feine Streifen schneiden, Koriander zerpflücken

Fleisch anbraten und sofort wieder aus dem Wok nehmen.

Karotten anbraten und mit der Brühe aufgießen. Nachdem die Brühe aufgekocht ist, die Glasnudeln hinzugeben. Nun Reiswein und chinesischen Essig hinzugeben. Dann mit Chili-Öl, Salz und schwarzem Pfeffer abschmecken. Zum Schluss Koriander nach Geschmack darüber geben und servieren.

Erdnussöl

ca. 200 g Rinderfilet, auch weniger ist möglich

1 EL Stärkemehl mit etwas warmem Wasser verrührt

1 Karotte

200 g Glasnudeln

1 Schuss chinesischer Essig

0,6 L Rinderbrühe

Chili-Öl

schwarzer Pfeffer

ca. 20 EL Reiswein

1 Prise Salz

frischer Koriander (nach Geschmack)

(für 2 Personen)

Wok-Suppe:

2–3 EL Sesamöl

2 Hühnchenbrustfilets

1 L Hühner- oder Gemüsebrühe

½ Fenchelknolle

3 Möhren

3 Schalotten

3 Knoblauchzehen

400 g Sojasprossen

Koriandergrün

2–3 Stangen Zitronengras

1 Chilischote

1 rote Paprika

½ Kopf Weiß- oder Chinakohl

4 EL Sojasauce

1 EL Currypaste

Curry, Salz, Pfeffer

Mango-Chili-Tartar:

1–2 reife Mangos

1 walnussgroßes Stück Ingwer

½ rote Chilischote

Wok-Suppe mit Mango-Chili-Tartar

Wok-Suppe:

Ingwer, Schalotten, Knoblauch, Zitronengras schälen, putzen und fein hacken. Hühnerfleisch waschen, trockentupfen und in feine Streifen schneiden. Gemüse putzen und in feine Streifen schneiden (Julienne). Sesamöl im Wok erhitzen und alles unter Rühren andünsten. Fein gehackten Chili, Koriander und Gewürze dazugeben und kurz mitdünsten. Hühnerbrühe und Sojasauce unterrühren. Zum Schluss für eine Minute die Sojasprossen dazugeben, damit sie knackig bleiben

Mango-Chili-Tartar:

Mangos schälen, Fruchtfleisch klein würfeln, Koriander hacken, alles vermischen und separat zur Suppe reichen.

1 Blumenkohl
1 Zitrone
200 g weiße Champignons
3 Frühlingszwiebeln
Erdnussöl
Salz, Pfeffer
1 TL Koriandersamen
2 TL Currypulver
scharfe Currypaste
2 EL Chilimarmelade*
(ersatzweise Chilisauce)
150 ml Gemüsebrühe
400 ml Kokosmilch
½ Bund frischer Koriander
Chili nach Gusto

„Flower Power“

Blumenkohl putzen und in Röschen teilen. Champignons und Frühlingszwiebeln putzen und im Ganzen lassen. Rohe Blumenkohlröschen in Erdnussöl von allen Seiten ca. 10 Minuten lang braun anbraten. Danach die Frühlingszwiebeln und die Champignons hinzugeben und mitbraten. Grob gehackten Chili, Salz, Pfeffer, zerstoßenen Koriandersamen und Currypulver zum Gemüse geben. Rote Currypaste mit Chilimarmelade, Kokosmilch und Gemüsebrühe vermischen und ebenfalls dem Gemüse hinzufügen. 15 Minuten köcheln lassen. Korianderblätter darüber streuen und mit Zitronensaft und Curry abschmecken.

Dazu passt: Fisch und Geflügel, Basmatireis oder Salzkartoffeln

*** Chilimarmelade – schnell selbst gemacht:**

Chili in einer Küchenmaschine fein hacken, mit Gelierzucker 2:1 aufkochen und 4 Minuten kochen lassen. In Gläser füllen und immer dann benutzen, wenn der Käse auf Ihrem Teller – oder auch Ihr Leben – mal wieder ein bisschen Pep brauchen …

Regelmäßig bekochen sich die beiden langjährigen Freundinnen gegenseitig und überraschen sich dabei mit neu entdeckten Zutaten und Rezepten.

SABINE TAMMEN UND ANDREA SCHULZ –

RED PASSION

Kunstvoll kochen und kreativ kredenzen

Die Leidenschaft fürs Kochen eint die beiden rothaarigen Freundinnen Sabine Tammen und Andrea Schulz. Sie sind seit fast 20 Jahren gut befreundet und bekochen sich seit Langem alle paar Wochen gegenseitig. Dabei wird immer etwas Neues und Außergewöhnliches ausprobiert. Von apart-asiatisch bis deftig-deutsch kommt alles auf den Tisch. Hauptsache frisch und lecker!

Leidenschaftlich

Am liebsten hat Sabine die leichte Fischküche, mit Rosmarin und Thymian aromatisiert. Auch mit einem feinen Zanderfilet, einem Lachstartar mit frischen Gartenkräutern oder auch mit Jakobsmuscheln in Ingwerbutter kann man sie glücklich machen. Gut gewürzt, aber nicht besinnungslos scharf sollte das Menu sein. Süßes hingegen muss nicht sein. Sabine backt auch nicht gerne. Für ein schönes Käse-Assortiment mit französischen *fromages* lässt sie jedes Dessert und jede Torte stehen.

Neugierig

Andrea hat kein Allzeit-Lieblingsgericht, je nach Jahreszeit kann es variieren. Neue Inspirationen kommen ständig hinzu, da sie neugierig ist auf alle neuen Zutaten und Zubereitungsarten. Zusammen mit ihrem Mann Uli hat sie schon Profi-Kochseminare besucht. Am meisten hat sie der Kurs bei Dieter Müller beeindruckt. Noch heute profitiert sie von seinen Anleitungen und Küchentricks. Das „pochierte Kalbsfilet à la Dieter Müller“ ist bei Andrea und Uli Schulz zu den Küchenklassikern aufgestiegen.

Kunstvoll

Kochen bedeutet für beide Frauen Spaß, Entspannung und Schönheit. Preiswürdig sind die Tellerdekorationen der beiden kunstinteressierten Hobbyköchinnen. Sie können locker mit denen der Profis mithalten. Wie wäre es also mit einem eigenen Restaurant? „Lieber nicht. So behält unser liebstes Hobby den Zauber des Nicht-Alltäglichen“, meinen die beiden übereinstimmend.

EIN **ROTES** MENU …

… haben die beiden rothaarigen Freundinnen für uns komponiert. **Die Aromen und Farbtöne sind wunderbar aufeinander abgestimmt.**

„Alles auf Rot“

Olivenöl

Butter

7 Knoblauchzehen

1 Zwiebel

250 g Risottoreis

3 Kugeln Rote Bete

¼ L Rotwein

350 ml Gemüsebrühe

150 g geriebener Parmesan

Salz, Pfeffer

250 g gelbe Cherrytomaten

1 TL geriebene Orangenschale

Saft von einer halben Orange

1 EL Honig

1 EL weiße Balsamicocreme

50 g geröstete Pinienkerne

4 Rotbarschfilets

frischer Thymian und Rosmarin

Zitronensaft

Risotto:

1 Zwiebel und 3 Knoblauchzehen würfeln und in Olivenöl andünsten. Risottoreis dazugeben und mit dem Rotwein sowie 125 ml Gemüsebrühe ablöschen und einkochen lassen. Weitere 125 ml Gemüsebrühe angießen und einkochen lassen.

Dabei ständig rühren.

Rote Bete pürieren und zum Risotto geben, mit Salz und Pfeffer abschmecken und zum Schluss Parmesan und Butter unterrühren.

Rotbarsch:

Butter, Salz, 4 ganze Knoblauchzehen und die Kräuterzweige in eine Pfanne geben und erhitzen. Fisch abspülen, trockentupfen, salzen und pfeffern und auf beiden Seiten kurz anbraten. Dabei mit Zironensaft beträufeln.

Den Risotto am besten mit Hilfe eines Vorspeisenrings anrichten. Rotbarsch mit Tomatensugo dazugeben.

Tomatensugo:

Die Cherrytomaten würfeln und in Öl andünsten. Orangenschale, -saft, Honig und Balsamicocreme dazugeben und erhitzen. Mit Salz und Pfeffer abschmecken. Pinienkerne in einer Pfanne ohne Öl anrösten und zu dem Sugo geben.

TEL AVIV – **EIN PARADIES** FÜR FEINSCHMECKER …

Flughäfen und ihre Sicherheit haben Joram Bobasch fast sein ganzes Berufsleben lang beschäftigt. Er ist in Israel geboren und aufgewachsen, hat in Tel Aviv Betriebswirtschaft studiert und einige Jahre danach einen Job in Deutschland bei einem noch jungen Unternehmen für Flughafensicherheit angenommen.

Zwischen Deutschland …

Das Unternehmen wuchs über die Jahre zum Weltmarktführer heran, und Joram Bobasch bekleidete rasch eine Führungsposition, die ihn – mit dem Headquarter in Frankfurt als Basis – in der ganzen Welt herumkommen ließ. Nine-eleven hat sein Geschäftsfeld natürlich ins Zentrum der Aufmerksamkeit gerückt, auch wenn Insidern schon lange vorher die Gefahren bewusst waren. Spätestens seit 2001 war Joram dann nur noch auf Tour – für ihn war dieses straffe Programm nicht immer nur ein Höhenflug. „Obwohl man sehr viel Luxus genießt und auch meine beruflichen Aufgaben wirklich große Freude bereitet haben, manchmal sehnt man sich nach den simplen Freuden des Lebens.“ Etwa ein gemütlicher Abend unter Freunden, ein Basketball-Match, Einkäufe für seinen gut sortierten Weinkeller, Muße für die Zeitungslektüre am Morgen oder ein Plausch über Telefon oder Web mit der Familie in Tel Aviv.

BETTINA BERNHARDT UND JORAM BOBASCH –

REISE NACH JERUSALEM

Kulinarische Höhenflüge in Tel Aviv

… und Israel

Seit Kurzem hat sich Joram aus dem operativen Geschäft zurückgezogen und genießt die Freiheit, so oft es geht seinem Flieger-Hobby nachzugehen oder mal ein paar Tage mit seiner Lebensgefährtin Bettina in seiner Zweitwohnung in Tel Aviv verbringen zu können, einer pulsierenden und faszinierenden Stadt „ohne Anfang und Ende“, wie er – trotz aller Kritik an den politischen Unruhen – schwärmt.

Jetzt …

Genau dort haben Bettina und er zusammen mit Ute und Rainer Wengenroth das folgende Rezept gekocht. „Ein Avocado-Eier-Salat und ein Hühnerlebersalat. So einfach und gerade deshalb so lecker. Mehr noch als Besuche in Sternerestaurants sind mir die schöne Momente im Gedächtnis geblieben, die wir mit Ute und Rainer hatten, als wir zum Beispiel in Tel Aviv am Strand saßen und auf einer Riesenleinwand Fußball-EM schauten. Glücksmomente …“

… und später

Wird er sich nun wirklich mit 56 Jahren aufs Altenteil zurückziehen? „Nur Unkraut werden Sie mich nicht rupfen sehen“, sagt er. Wer weiß, ob er nicht eines Tages den israelischen Wein der Familie seines Schwiegersohnes in Deutschland vermarktet oder ein anderes Business gründet? Sein Lieblingsbild, das Ute Wengenroth gemalt hat, heißt „Volare“ – den Hobbyflieger und Basketballer zieht es auf jeden Fall immer nach oben!

Ute und Rainer haben mit Bettina und Joram seine Familie in Tel Aviv besucht. Mutter Miriam kredenzte wundervolle Gerichte. Eine Reise nach Jerusalem lohnt sich: Hier der beeindruckende Felsendom.

Hühnchenlebersalat

- 500 g Hühnerleber
- 3 hartgekochte Eier
- 2 kleine Zwiebeln
- Olivenöl
- Salz, Pfeffer
- süßes Paprikapulver
- eingelegte Gurken

Leber sorgfältig putzen und das Fett entfernen. In kochendes Wasser geben und 2 Minuten aufkochen, bis die Leber gar ist. Nicht zu lange kochen, damit sie nicht hart wird. Das Wasser abgießen und die Leber zusammen mit den hartgekochten Eiern zerdrücken. Die Zwiebeln schälen, ganz fein würfeln und mit so viel Olivenöl dazugeben, dass sich eine nicht zu trockene Masse ergibt. Mit Salz und Pfeffer abschmecken.

Der Salat wird mit eingelegten Gurken garniert und mit Brot gegessen.

Auberginen-Päckchen

- Aubergine
- Olivenöl
- Schafsmilchquark oder -joghurt
- Salz, Pfeffer
- frischer Dill
- Petersilie
- Schnittlauch
- Koriander
- junger Blattspinat
- Brot
- Mandeln
- Knoblauch

Aubergine längs in Scheiben schneiden, die Scheiben salzen. Die austretende Feuchtigkeit abtupfen. Danach in Olivenöl anbraten. Quark mit gehacktem Dill, Petersilie, Schnittlauch, Salz und Pfeffer vermischen. Geputzten jungen Spinat auf einem Teller anrichten, gebratene Auberginenscheiben sternförmig darauflegen, mit Quark füllen und als Päckchen zusammenlegen.

Brot rösten und mit Korianderpesto (Olivenöl, Mandeln, Knoblauch, Salz und Koriander pürieren) bestreichen und zu den Auberginenpäckchen reichen.

Lammballa

Hackfleisch mit Thymian, Rosmarin, Basilikum, fein gehackten Zwiebeln, Salz und Pfeffer vermischen und zu Bällchen formen. Diese in Olivenöl anbraten. Beiseite stellen.

1 Zwiebel mit 5 Zehen Knoblauch schälen und grob hacken. Aubergine waschen, Kartoffeln schälen, Paprika putzen und alles grob würfeln. Die Zutaten in einem großen Topf in Butter oder Olivenöl anbraten. Gehackte Kräuter, Rotwein, Tomatensaft und Tomatenmark mit einem halben Liter Wasser dazugeben. Aufkochen, mit Salz und Pfeffer abschmecken. Die Hackfleischbällchen dazugeben und alles eine Stunde köcheln lassen.

In tiefen Tellern mit Brot servieren.

(für eine große Tischrunde)

500 g Tomatenmark

frischer Chili

Kirschtomaten

1 Glas Tomatensaft

1 Flasche Rotwein

frische Kräuter (Basilikum, Thymian, Rosmarin)

5 weiße und 2 rote Zwiebeln

5–8 Knoblauchzehen

5 mittelgroße Kartoffeln

2 EL Butter oder Olivenöl

1½ kg Lammhackfleisch

2 Zitronen

1 Aubergine

1 Paprika

Petersilie

Salz, Pfeffer

4 Süßkartoffeln

4 große Möhren

5 Knoblauchzehen

Olivenöl

Thymian und Rosmarin

150 g Schafskäse

Salz, Pfeffer

Überbackene Süßkartoffeln mit Möhren

Kartoffeln und Möhren schälen und in ca. 5 mm dicke Scheiben schneiden. Einen Schuss Olivenöl auf ein Backblech geben. Möhren- und Kartoffelscheiben darauf verteilen. Die ungeschälten Knoblauchzehen dazugeben. Thymian-Blättchen und Rosmarinnadeln darüber streuen, salzen, pfeffern und 30 Minuten im vorgeheizten Backofen bei 180 Grad backen. Dabei mehrmals wenden. Kurz vor dem Servieren die Käsewürfel auf dem Blech verteilen und weitere 5 Minuten backen.

(für 8–10 Personen)

½ kg kleine getrocknete Kichererbsen

3 TL Baking Soda (Natron)

1 EL Zitronensaft

2 Knoblauchzehen

Tahinapaste

Salz

Petersilie

Olivenöl

Humus

Kichererbsen über Nacht in kaltem Wasser mit 2 TL Baking Soda einweichen, abgießen. Eine große Pfanne 2 cm hoch mit Wasser füllen, 1 TL Baking Soda und die eingeweichten Kichererbsen dazugeben. Abgedeckt auf kleiner Flamme ca. 2–3 Stunden köcheln lassen, bis die Kichererbsen weich sind. Flüssigkeit abgießen und auffangen, Kichererbsen abkühlen lassen. Einige zur Dekoration zurückhalten.

Ca. 80 ml Tahinapaste mit den Kichererbsen pürieren. Wenn die Masse zu dick wird, etwas von dem aufgefangenen Kochwasser zugeben. Mit Zitronensaft, gepresstem Knoblauch, Salz und Tahinapaste abschmecken. Mit gekochten Kichererbsen, gehackter Petersilie und Olivenöl garnieren.

geschälte Tomaten aus der Dose

Tomatensaft

Zwiebeln

Weißwein

Butter

frischer Basilikum

Thymian

Oregano

Kirschtomaten

einige Knoblauchzehen

gemischte Meeresfrüchte (Calamares, Miesmuscheln, Garnelen etc.)

Meeresfrüchte-Kasserolle

Knoblauch hacken und Zwiebeln grob teilen, in Butter anbraten. Meeresfrüchte dazugeben, mit Weißwein und Tomatensaft ablöschen. Geschälte Tomaten kleinschneiden und zusammen mit den gehackten Kräutern und den Kirschtomaten dazugeben. Im vorgeheizten Backofen bei 200 Grad ca. 15 Minuten garen. Heiß mit Weißbrot servieren.

EINE STADT **OHNE ANFANG UND ENDE …**

In Tel Aviv pulsiert das Leben, in welche Richtung man auch geht. Ute und Bettina genießen ihren Stadtbummel. **Die Küche ist so vielseitig wie die Kulturen im Nahen Osten.**

C'est la vie in Tel Aviv!

PETRA UND MARKUS WITTLICH –

EIN WAHRLICH GESUNDES UNTERNEHMEN!

Beim Sanitätshaus Wittlich dreht sich alles um Lebensqualität

Markus Wittlich kocht gerne und gut. Er hat schon Kochkurse bei Lafert & Co. belegt.

Wenn die Beweglichkeit aufgrund eines Sturzes oder altersbedingter Gebrechen eingeschränkt ist, wenn Körperteile einer Krankheit oder einem Unfall zum Opfer gefallen sind oder langes Liegen Wundstellen verursacht hat, dann treten die Orthopädie- und Reha-Techniker des Sanitätshauses Wittlich auf den Plan. Sie sind sehr gut ausgebildet und verfügen nicht nur über großes fachliches *Know how*, sondern haben die Sensibilität, die (im weitesten Sinne des Wortes) verwundeten Patienten mitfühlend zu beraten. „Die meisten unserer Neukunden kommen zu uns, weil sich gerade ihr gesamtes Leben verändert hat. Der junge Motorradfahrer, der ein Bein verloren hat; die Brustkrebspatientin oder der ältere Mensch, der durch einen Oberschenkelhalsbruch keine Treppe mehr gehen kann. Es gehört viel Fingerspitzengefühl dazu, diesen Menschen behutsam orthopädische Hilfsmittel, Prothesen-Dessous und Alltagshelfer für den Haushalt zu zeigen." Diese Arbeit machen Petra und Markus Wittlich mit den Teams offensichtlich sehr gut, denn der „durch und durch gesunde" Betrieb wurde kürzlich mit dem begehrten „Großen Preis des Mittelstands" ausgezeichnet.

Fingerspitzengefühl

In 22 Filialen in Rheinland-Pfalz und Hessen verkauft das Sanitätshaus Wittlich in Zusammenarbeit mit den Angehörigen, Ärzten und Pflegern alles, was körperlich beeinträchtigten Menschen wieder zu mehr Lebensqualität und Beweglichkeit verhilft. 1994 übernahm Markus das Geschäft von seinen Eltern, die es bis dahin alleine ohne Angestellte betrieben hatten. Heute arbeiten 163 Menschen für das Sanitätshaus. Der Seniorchef ist übrigens durch eigene Betroffenheit in die Branche gekommen, nachdem er während des Krieges im Alter von sieben Jahren seinen Unterschenkel verloren hatte. Klassische Ausbildungsberufe wie Maurer oder Bäcker blieben ihm verschlossen, so dass er Orthopädietechnik lernte.

Gesundheitspolitik

Die Rahmenbedingungen für dieses Geschäft sind in den letzten Jahren immer schwieriger geworden. Die Krankenkassen streichen immer mehr Leistungen und kürzen Zuzahlungen. Wittlichs halten diesem Trend ihren Servicegedanken („nicht nur versorgen, auch umsorgen") entgegen. Ständige Fortbildungen, Messebesuche und umfangreiche Produkt-Prüfungen sind für Markus Wittlich und sein Team ein Muss. Nur wer immer auf dem neuesten medizinischen Stand ist, kann im Gesundheitsbereich überleben.

Lebensqualität

„Jeder Mensch hat das Recht, so gut es geht am sozialen Miteinander teilzunehmen und es zu genießen", findet Markus. Auch er genießt mit seiner Frau Petra, den Söhnen Marius und Moritz das Leben. Am liebsten beim gemeinsamen Kochen am Freitagabend. Dann wird feinstes amerikanisches Entrecôte oder argentinisches Rumpsteak in die Pfanne geworfen. Kochen ist ein großes Hobby der Familie. Wittlichs haben sogar schon Kochkurse bei Johann Lafer und Alexander Herrmann belegt. Das waren gute Lehrmeister, denn das bei Wittlichs servierte Lammfilet gereicht einem Prof zur Ehre!

www.sh-wittlich.de

Zu Tisch!

EIN FREITAGABEND GANZ NACH **DEM GESCHMACK DER WITTLICHS.**

Nach einer arbeitsreichen Woche im Sanitätshaus **kocht und genießt man gemeinsam.**

Ablöschen!
Koch doch

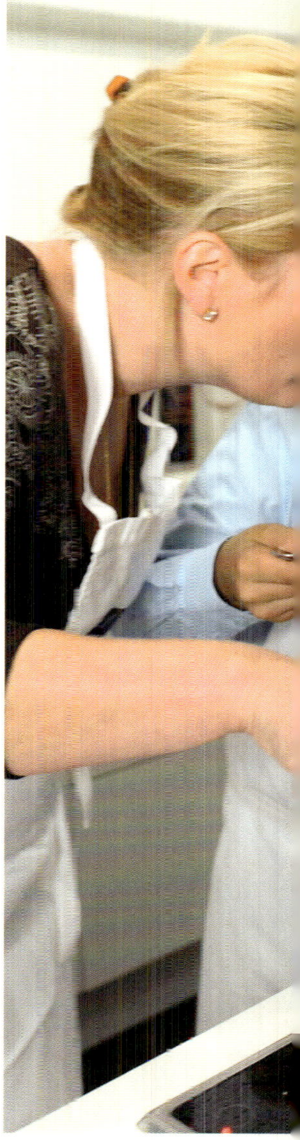

DAS LEBEN GENIESSEN UND JEDEM EINZELNEN TAG
DIE RICHTIGE WÜRZE VERLEIHEN.
Koch doch

SIND DIE BOHNEN AUCH WIRKLICH **AL DENTE?**

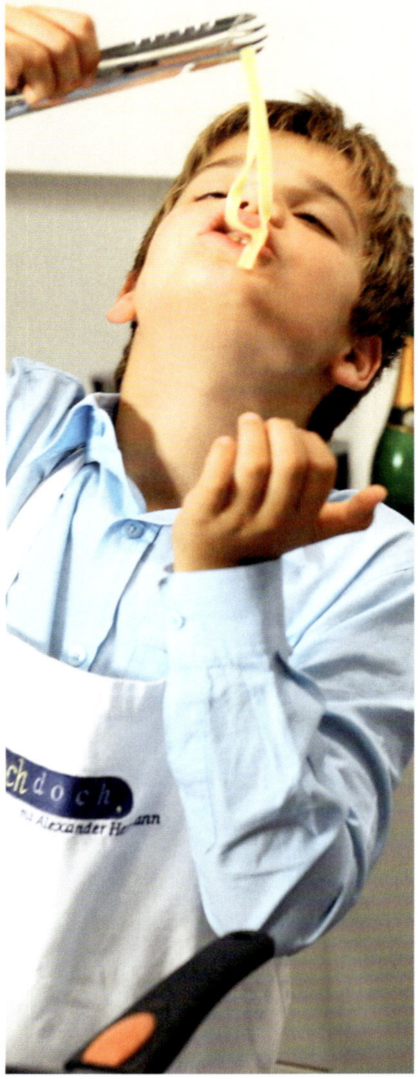

4 Stücke Lammrücken (ca. 1 kg)

2 Zweige Rosmarin

4 Portionen Tagliatelle

2 große Auberginen

1 große Zwiebel

2 große Gläser Rotwein

2 große Gläser Lammfond

2 EL Butter

Speisestärke

Balsamicoessig

2–3 EL Pflaumenmus

Sojasauce

Olivenöl

Salz, Pfeffer

Lammrücken in Auberginen-Rotwein-Sauce

Den Lammrücken gut mit Salz und Pfeffer würzen und in einer Pfanne in 3 EL Olivenöl von beiden Seiten scharf anbraten. Einige Rosmarinnadeln dazugeben und das Fleisch im vorgeheizten Backofen bei 120 Grad (Umluft 100 Grad) 12 bis 14 Minuten langsam rosa garen.

Die Tagliatelle in kochendem Salzwasser *al dente* garen. Kurz vor dem Servieren die übrigen Rosmarinnadeln in der Butter kross anbraten, die Tagliatelle hinzufügen, einmal durchrühren und eventuell mit Salz und Pfeffer nachwürzen.

Für die Sauce die Zwiebel in feine, die Auberginen in größere Würfel schneiden. Zunächst die Zwiebelstücke in 3 EL Olivenöl andünsten, dann die Auberginenwürfel hinzufügen. Mit Salz und Pfeffer würzen, mit dem Rotwein ablöschen und etwa auf die Hälfte einkochen. Mit der Brühe auffüllen, wiederum etwas einkochen. Pflaumenmus dazugeben, die Sauce mit Balsamicoessig und Sojasauce abschmecken und mit wenig Stärke leicht binden.

Die Tagliatelle in tiefe Teller verteilen, mit der Sauce übergießen und den aufgeschnittenen Lammrücken darauf anrichten.

Dazu passen Bohnen im Speckmantel.

„Chez Wittlich"

EIN FEINSCHMECKERABEND *nach Art des Hauses …*

1 EL Butterschmalz oder Olivenöl

2 große Ochsenherz-Tomaten

1 mittelgroßer Radicchio

30 g Parmesan

4 Kalbskoteletts

250 g grüne Bohnen

Salz, Pfeffer

1 Zwiebel

frische Kräuter: Thymian, Rosmarin, Bohnenkraut, Majoran

Kalbskotelett mit Grillgemüse und grünen Bohnen

Grillgemüse:

Tomaten und Radicchio putzen und in dicke Scheiben schneiden. Auflaufform mit Olivenöl auspinseln. Mit Tomaten- und Radicchioscheiben auslegen. Rosmarin, Thymian und Majoran fein hacken und zusammen mit Salz und Pfeffer auf das Gemüse geben. Danach mit Olivenöl beträufeln und den gehobelten Parmesan darübergeben. Im vorgeheizten Backofen bei 180 Grad ca. 10 Minuten überbacken.

Grüne Bohnen:

Bohnen mit Bohnenkraut im Salzwasser bissfest kochen. Zwiebel würfeln und glasig dünsten. Abgetropfte Bohnen dazugeben.

Kalbskotelett:

Kalbskotelett mit Salz und Pfeffer würzen und in Butterschmalz von beiden Seiten goldbraun braten.

Dazu passen: Pfirsich- und Birnenhälften mit Gorgonzola.

2 Lamm- oder Rindersteaks

2 Möhren

1 rote Zwiebel

2 EL Butter

2 Frühlingszwiebeln

2 Petersilienwurzeln

4 Knoblauchzehen

Salz, Pfeffer

Chili

Leberspieß mit weißem Bohnenpüree und Salbei

Öl in einer Pfanne erhitzen, Knoblauch in Scheiben schneiden und mit den gehackten Kräutern andünsten. Bohnen dazugeben und kurz mitdünsten. Mit Salz, Pfeffer, Essig und Limettensaft abschmecken und fein pürieren.

Leber in Streifen schneiden und in Mehl wenden. Auf Holzspieße stecken und kurz von allen Seiten in Butter anbraten. Erst anschließend mit Salz und Pfeffer würzen.

Das Püree auf die Brotscheibe geben und mit Leberspieß, Salbei und Rucola garnieren.

1 Dose große weiße Bohnen

1–2 Knoblauchzehen

etwas Limettensaft

3–4 EL Olivenöl

1–2 Scheiben Graubrot

1 Scheibe Kalbsleber

Salz, Pfeffer

frischer Thymian, Salbei, Majoran

ein paar Blätter Rucola

1–2 EL Rotweinessig

Mehl

Falsche Schnecken

Steaks in Streifen schneiden. Gemüse putzen und sehr fein würfeln. Gemüsewürfel in Butter glasig dünsten, mit Salz, Pfeffer und Chili abschmecken.

In einer separaten Pfanne das Fleisch rundum anbraten und mit Salz, Pfeffer würzen. Fleisch und Gemüse in einem Teller mit Vertiefung servieren.

Dazu frisches Baguette reichen.

Nichts für Kostverächter! Im Kremstal isst und trinkt man üppig.

PETRA UND JOHANNES KITZLER –

HOCHGENUSS IN NIEDERÖSTERREICH

Wengenroths Lieblingswinzer aus dem Kremstal keltert den raren Neuburger

Geregelte Arbeitszeiten, sicheres Einkommen, freie Wochenenden und sechs Wochen Jahresurlaub – das sind Kategorien, die es im Leben von Vollblut-Winzern wie Johannes Kitzler und seiner Frau Petra nicht gibt. Stattdessen: Arbeiten, wenn die anderen frei haben, bei Wind und Wetter draußen sein und eine extreme Abhängigkeit von den Launen des Wetters aushalten. „Natürlich bangt man um die zarten Triebe, wenn im Frühling nach dem Austrieb schwarze Hagelwolken aufziehen. Aber Winzer zu sein ist kein Beruf, sondern eine Art zu leben. Man wird durch tolle Jahrgänge oder Naturschauspiele im Weinberg wieder belohnt“, erläutert Johannes, der das Weingut schon lange vor seinem 30. Lebensjahr von seinen Eltern übernahm. Ein geglückter Generationenwechsel, denn Johann Kitzler Senior und seine Frau haben dem Sohn schon früh das volle Vertrauen geschenkt und unterstützen ihn weiterhin, wo immer sie können. Der Juniorchef würde sich freuen, wenn eines Tages auch sein Erstgeborener in die Fußstapfen tritt. Eine Umfirmierung wäre nicht nötig, da auch er Johannes heißt. Wie der Vater, so der Sohn.

Familienbetrieb

Kitzlers sind ein richtiger Familienbetrieb und möchten das auch bleiben. Johannes könnte sich nicht vorstellen, seine Anbaufläche zu verzehnfachen und dann nur noch mit Verwaltung und Management betraut zu sein. Er braucht den Kontakt zum Boden, zu den Reben und den Kunden: „Viele Stammkunden sind im Laufe der Jahre und Jahrzehnte zu Freunden geworden.

Die Familie Wengenroth kennen wir seit etwa 20 Jahren. Und der Jahreskreis wäre für uns nicht komplett, wenn sie nicht im Herbst ein paar Tage zu uns ins Kremstal kämen." Drei Genießerzimmer mit Sonnenterrasse, Innenschwimmbad, Poolbar und Sauna stehen für Weingutsgäste bereit.

Urlaub auf dem Winzerhof

Wer möchte, kann mit der Winzerfamilie durch die Weingärten wandern und ihr bei der Arbeit in Rebanlage und Keller über die Schulter schauen. Oder auch das *Dolce farniente* auf die niederösterreichische Art betreiben und nach einem Wellnesstag auf der Terrasse einen Dämmerschoppen mit Petra und Johannes trinken. Vielleicht einen Rotwein Zweigelt oder St. Laurent? Oder darf es ein erfrischender Weißwein sein? Grünen Veltliner, die wichtigste Rebe im Kremstal und der benachbarten Wachau, hat Johannes Kitzler ebenso im Sortiment wie Riesling und Chardonnay. Wenn der junge Winzer einen besonders beglückenden Tag im Weinberg hatte, wird er vielleicht sogar für Sie ein Fläschchen seines Neuburgers aufziehen. Eine rare, autochthone Rebsorte, die mit ihren würzig-nussigen Aromen und Tönen von reifen gelben Früchten betört. Felix Austria!

Dinkel-Lauch-Salat

3 Stangen Lauch

150 g Dinkel

4 süße Äpfel

250 g Joghurt

250 g Rahm (saure Sahne)

Salz, Pfeffer

Zucker

Dinkel 20 Minuten kochen, vom Herd nehmen und ziehen lassen, durch ein Sieb abtropfen lassen und waschen. Lauch waschen und in feine Scheiben schneiden. Äpfel würfelig schneiden. Alle Zutaten mit Salz, Pfeffer und etwas Zucker mischen.

Dazu passen hauchdünn geschnittener Schinken und Brot.

Grießauflauf

½ L Milch

100 g Grieß

1 Packerl Vanillezucker

80 g Butter

1 Zitrone

80 g Zucker

3 Eier

Paniermehl

Die Milch mit der Hälfte der Butter, dem Vanillezucker und der abgeriebenen Schale einer Zitrone aufkochen lassen. Den Grieß einrühren und bis zum Dickwerden kochen. Die restliche Butter mit 50 g Zucker und den Eidottern sehr gut schaumig rühren. Die Grießmasse dazugeben und den restlichen Zucker mit dem Eiklar zu einem festen Schnee schlagen und unterheben. Die Masse in eine gut gebutterte und gebröselte Auflaufform füllen und bei mittlerer Hitze ca. 45 Minuten backen.

Den Auflauf stürzen und mit Kompott servieren.

Tag prüft Johannes,
seine Rotweincubée
eigelt, St. Laurent
uburgunder entwickelt.

Fassprobe …

ÖSTERREICH, WIE ES LEIBT UND SPRICHT: FASCHIERTES, RAHM, SCHLAGOBERS …

Für die Krautstrudel:

500 g Karotten

1 kleiner Weißkrautkopf

1 große Zwiebel

Salz, Pfeffer

750 g Faschiertes gemischt (Hackfleisch halb und halb)

3 Stück Blätterteig

Ei

Für die Joghurt-Sauce:

250 g Rahm (saure Sahne)

250 g Joghurt

8 Kräuter nach Belieben

Salz, Pfeffer

Krautstrudel mit Faschiertem

Den Krautkopf halbieren, die äußeren Blätter, den Strunk entfernen und waschen. Das Kraut fein schneiden. Die Karotten schälen und fein reißen (Niederösterreichisch für: stifteln). Karotten gemeinsam mit dem Kraut weich dünsten. Zwiebeln kleinwürfelig schneiden und in Butter kurz anschwitzen. Faschiertes beimengen und gemeinsam rösten. Faschiertes mit Karotten und Kraut mischen, mit Salz und Pfeffer abschmecken und auskühlen lassen. Den Strudelteig mit der Masse füllen, rollen, mit Eigelb bestreichen und goldgelb backen.

Eine Sauce aus Joghurt, Rahm, kleingehackten Kräutern, Salz und Pfeffer anrühren und zum Krautstrudel servieren.

Oma Kitzlers Weinsuppe

Zwiebeln und Speck kleinwürfelig schneiden und in Butter anschwitzen. In Mehl stauben (wie der Niederösterreicher sagt) und kurz rösten. Danach Brühe und Wein aufgießen und 15 Minuten kochen. Schlagobers und Eier miteinander versprudeln und in die nicht mehr kochende Suppe geben. Die Suppe darf nicht mehr kochen, damit sie nicht ausflockt. Mit gerösteten Schwarzbrotwürfeln servieren.

(für 1 Winzerfamilie inkl. Erntehelfern)

- 100 g Butter
- 2 Zwiebeln
- 200 g Speck
- 3 EL Mehl
- 1 L Weißwein
- 3 L Rindssuppe
- 750 ml Schlagobers (Sahne)
- 3 Eier
- Salz, Pfeffer
- geröstete Schwarzbrotwürfel

Die Agentur Hartmann//Koch hat ihren Sitz in Höhr-Grenzhausen. Die Werber nutzen in der Mittagspause die perfekt eingerichtete Küche des Porzellanherstellers ASA Selection. Thomas Hartmann und sein Team sind sehr froh über diese Möglichkeit, da sie einen fruchtbaren Austausch zwischen den Designern und Genießern beider Firmen ermöglicht.

THOMAS HARTMANN –

KOCHEN UND WERBEN SIND MANNSCHAFTSSPORTARTEN

Werbeagenturchef Hartmann kocht mit seinem gesamten Team

Kreativität *oder* Perfektion? Sinnenfreude *oder* Struktur? Vorausdenker *oder* Teamplayer? Manchmal ist es das Wörtchen „und", das vermeintliche Widersprüche auflöst. Man kann ein taktangebender Chef sein und gleichzeitig großen Wert auf Harmonie im Team legen. Man kann ein gefühlvoller Kunstliebhaber sein und zugleich ein zielgerichteter Stratege. Der Chef der Werbeagentur „Hartmann//Koch Kommunikation und Design GmbH" in Höhr-Grenzhausen genießt es, sich im Spannungsfeld aus diesen scheinbaren Gegenpolen zu bewegen. „Ich schätze Skandinavien und den für den Norden typischen Purismus – aber gleichermaßen die Opulenz im Süden Italiens. Warum sollte ich mich hier entscheiden?", fragt sich Thomas Hartmann.

Feinkost

Regelmäßig fährt der Agenturchef in Richtung Dänemark. In der Klarheit des Nordens entspannt er und kommt endlich mal wieder dazu, die Angelrute auszupacken, sein Hobby seit Kindertagen. Genauso oft zieht es ihn aber auch gen Süden. Den italienischen Stiefel bereist er vom Piemont bis hinunter nach Kalabrien und quer vom Tyrrhenischen Meer bis zur Adria. Dabei stöbert er die leckersten Spezialitäten jeder Region auf. Zurück in Deutschland vertreibt er sie über seinen eigenen Internet-Feinkosthandel „Il Riserva".

Teamgeist

Genuss und gutes Essen beschäftigen Thomas Hartmann und sein Werbeagentur-Team täglich (siehe dazu auch www.be-foodie.de). Die zahlreichen Kunden im Feinkost-, Lebensmittel- und Hotelleriebereich sowie in der Glas- und Porzellanherstellung schätzen das „appetitliche" Design von „Hartmann//Koch". Ein Erfolgsfaktor des Unternehmens ist sicher auch der Perfektionismus des Chefs: Keine Neukreation verlässt die Agentur, ohne dass seine erfahrenen Augen das Werbemittel nochmals geprüft hätten. Die zweite tragende Säule ist das große Engagement seiner professionellen Mitarbeiter. Die Werbeexperten sind nicht nur beim Konzipieren und Layouten von Broschüren, Katalogen und Websites ein gut eingespieltes Team. Auch beim gemeinsamen Kochen weht der kreative Mannschaftsgeist. „Wer gut arbeitet, soll auch entsprechend genießen und feiern", findet Thomas Hartmann. Und wenn die Agenturköchin ausfällt, greift er durchaus auch mal selbst zum Kochlöffel, um seine Mannschaft zu versorgen. Leckerer kann man vom Chef gar nicht gelobt werden, oder?

d–
paganda!

Gegenseitig inspirieren …
Erst brainstorming, dann der Sturm an die Herdplatten.

2 Kopfsalate, 1 Zwiebel, 25 g Butter, 50 ml Weißwein (trocken), 400 ml Gemüsefond (aus dem Glas), Salz, Pfeffer (aus der Mühle), 200 ml Schlagsahne, 2 EL heller Saucenbinder, 2 Scheiben Serranoschinken, Toastbrot

Leichte Salatsuppe mit Schinkenwürfeln

Salatblätter ablösen, die Salatherzen dabei ganz lassen. Die Blätter waschen und trocken schleudern, in Streifen schneiden. Die Salatherzen beiseite stellen. Die Zwiebeln pellen, fein würfeln und im Fett andünsten. Salatstreifen kurz mitdünsten. Wein und Fond zugießen, salzen und pfeffern, dann 5 Minuten ohne Deckel einkochen lassen. Die Suppe mit dem Pürierstab pürieren und die Sahne zugießen. Mit dem Saucenbinder aufkochen, salzen und pfeffern. Serranoschinken und Salatherzen klein schneiden, in die Suppe geben und diese anschließend in Teller füllen. Toastbrot in Würfel schneiden und zusammen mit den Chiliflocken im heißen Öl knusprig braten.

Anschließend zum Garnieren auf die Suppe geben.

600 g Kürbis, in Würfel geschnitten, 200 g Möhren, geschält und gewürfelt, 1 mittelgroße Zwiebel, fein gewürfelt, 30 g Ingwer, fein gewürfelt, 2 Chilischoten, 1 EL Butter, 200 ml Weißwein, 300 ml Gemüsebrühe, 1 Dose Kokosmilch, Sahne zum Verfeinern, 1 Zitrone, Zucker, 3 Spritzer Worcestershiresauce, Muskat, Salz und Pfeffer

Zum Garnieren: 1 Bund Basilikum, eine Handvoll Kürbiskerne

Herzhafte Kürbis-Möhren-Suppe

Zwiebel, Ingwer und Chili in Butter leicht anschwitzen. Anschließend Kürbis und Möhren dazugeben und ebenfalls anschwitzen, bis das Gemüse eine leichte Bräune bekommt. Eventuell noch etwas Butter dazugeben. Mit dem Weißwein ablöschen und alles zusammen etwas einkochen lassen.

Nun mit der Gemüsebrühe auffüllen, ca. ½ TL Salz dazugeben und abgedeckt ca. 20 Minuten kochen lassen. Die Kokosmilch unterrühren und je nach Belieben ein paar Spritzer Sahne zum Verfeinern dazugeben.

Alles mit dem Pürierstab fein pürieren. Worcestershiresauce, Zucker und den Zitronenschalenabrieb dazugeben und anschließend mit Muskat, Salz und Pfeffer abschmecken.

Die Suppe auf die Becher verteilen und mit Basilikum, Balsamico-Essig und ein paar karamellisierten Kürbiskernen garnieren.

2 Schalotten, 6 Scheiben Serranoschinken, 250 g Kartoffeln, 40 g Butter, Meersalz und Pfeffer (Mühle), ½ L Geflügelfond, 50 ml Sahne, Muskat, 1 Zitrone, Grissini

Kartoffelsüppchen mit leckeren Schinken-Grissini

Schalotten schälen und fein würfeln. Zwei Scheiben Schinken in grobe Stücke schneiden. Die Kartoffeln würfeln und zusammen mit den Schalotten und dem Schinken in einem Topf anschwitzen. Mit dem Fond angießen und 15 Minuten köcheln.

Die Sahne dazugeben, alles aufkochen und dann den Schinken entfernen. Suppe pürieren und mit Salz, Pfeffer, Muskat und Zitronensaft abschmecken. Suppe in Teller füllen.

Den restlichen Parmaschinken um die Grissini wickeln und dekorativ auf die Teller legen.

2 Zwiebeln, 4 Knoblauchzehen, 4 rote Paprikaschoten, 1 rote Chilischote, 4 EL Olivenöl, ca. 1 L Gemüsebrühe, 1 Bund Basilikum, 3 EL Rotweinessig, Meersalz und Pfeffer (Mühle), Zuckererbsenschoten (Garnitur), Cayennepfeffer

Kalte Paprikasuppe mit Zuckererbsen

Die Zwiebeln und den Knoblauch schälen und grob hacken, die Paprikaschoten und Chilischoten von Kernen befreien, ebenfalls grob hacken, mit dem Olivenöl in einem großen Topf vermengen und zugedeckt auf mittlerer Stufe etwa 20 Minuten garen, dabei alle 3–4 Minuten umrühren. Sobald das Gemüse weich wird und aromatisch duftet, die Brühe hinzugießen. Alles zum Kochen bringen und auf kleiner Stufe zugedeckt weitere 10 Minuten garen.

Nun die Suppe mit Basilikum und Rotweinessig in der Küchenmaschine oder mit dem Stabmixer sorgfältig pürieren und mit Salz und Pfeffer abschmecken. Die Suppe in einer Schüssel erkalten lassen, dann zugedeckt in den Kühlschrank stellen.

Etwa 10 Minuten vor dem Servieren die Erbsenschoten blanchieren. Nun die Suppe auf Teller verteilen, mit Olivenöl beträufeln und die Zuckererbsenschoten hineingeben.

Noch eine Prise Cayennepfeffer drüber und genießen!

Kreative Pause der Küchen-Designer!

Die ASA Selection-Küche kann man auch für eigene Veranstaltungen mieten.

Risotto mit „Harfelser Broatworscht"

(für 8 Personen)
ca. 5 grobe Bratwürste
ca. 2 L Gemüsebrühe
mind. 2 Knoblauchzehen
Olivenöl
Butter
Salz und Pfeffer
Fenchelsamen
1 Radicchio
ca. 500 g Risottoreis
100 ml trockener Weißwein
ca. 500 g Parmesan
1 Sträußchen Thymian und Rosmarin

Den Knoblauch in feine Scheiben schneiden. In einem Topf Olivenöl erhitzen. Knoblauch zusammen mit Fenchelsamen andünsten. Das Thymian-/Rosmarin-Sträußchen hinzufügen.

Das Innere der groben Bratwürste aus der Pelle drücken, in den heißen Topf geben und anbraten.

Den Risotto-Reis anschließend hinzugeben und mitdünsten, bis er glasig ist.
Anschließend mit Weißwein ablöschen und fast vollständig einköcheln lassen, dann pfeffern.

Nun so viel Brühe zum Reis geben, dass dieser gerade bedeckt ist. Bei schwacher Hitze offen unter ständigem Rühren köcheln lassen, bis der Reis die Flüssigkeit vollständig aufgenommen hat. Diesen Prozess solange wiederholen, bis der Reis nach ca. 20 Minuten „al dente" ist.

Zwischenzeitlich Radicchio-Blätter in ca. 1 cm breite Streifen schneiden und mit einem Essigwasser waschen (Ein Schuss Essigessenz im Wasser nimmt dem Radicchio den bitteren Geschmack). Durch ein Sieb abtropfen lassen und in den *al dente* gekochten Reis einfügen, bis er zusammenfällt.

Den Risotto nochmals mit Salz und Pfeffer abschmecken, von der heißen Platte nehmen und die Butter unterrühren. Parmesan in grob gehobelten Stücken unterziehen. 2–3 Minuten ruhen lassen, mit rohem Radicchio garnieren und servieren.

Marketing Mix!

(für 8 Personen)

Für den Döppekooche:

2,5 kg festkochende Kartoffeln

2 große Zwiebeln

2 Eier

250 g Schinkenwürfel

Salz und Pfeffer, Muskat

Olivenöl für die Form

Für den Lachs:

frisches Lachs-Filet

Für die Marinade:

Chili, 2 Zitronen, bunter Pfeffer (grob)

Olivenöl, 1 Bund Dill, Meersalz

Für den Salat:

Feldsalat, Sour Cream ohne Kräuter

Für die Vinaigrette:

2 Limetten, 1 EL Ahornsirup

1 Mango, 1 Apfel

1 Bund Schnittlauch, 1 Bund Petersilie

6 EL Olivenöl, Fleur de Sel

Piment d'espelette

Döppekooche mit Lachs im Salatbett

Für den Döppekooche die Kartoffeln und die Zwiebeln mit einer Küchenreibe fein reiben und in eine Rührschüssel geben. Die Eier und Schinkenwürfel dazugeben und mit Salz, Pfeffer und Muskat würzen.

Die Masse in eine mit Olivenöl ausgestrichene flache Form geben und im Backofen knusprig braun backen (dies kann bis zu 2 Stunden dauern).

Den Lachs in mundgerechte Stücke schneiden. Die Zutaten für die Marinade miteinander vermengen, den Lachs darin wenden und ca. 10 Minuten ziehen lassen (je nach Belieben kurz scharf anbraten), Die Lachsstücke dann jeweils auf einen Holzspieß stecken.

Den Feldsalat auf einem Teller anrichten.

Den Limettensaft, den Ahornsirup und das Olivenöl verrühren und mit Fleur de Sel und Piment d'espelette abschmecken. Die Mangos und Äpfel in feine Würfel schneiden und unterheben. Schnittlauch und Petersilie fein hacken und hinzugeben. Die fertige Vinaigrette in Schälchen füllen.

Den Döppekooche in Streifen schneiden und in der Pfanne rundherum knusprig braten.

Zum Anrichten je 3 Streifen Döppekooche auf das Salatbett setzen und zwei „Lachs-Lollis" darauf platzieren. Zusammen mit dem Schälchen Vinaigrette und einem Klecks *sour cream* servieren.

Zwetschgen-Crumble mit Vanille-Eis

Den Backofen auf 170 Grad (150 Grad Umluft) vorheizen. Die Cantuccini in einer Küchenmaschine nicht zu fein hacken. Dann mit Butter, Mehl, Zucker und einer Prise Salz zügig zu Streuseln verkneten.

Die Zwetschgen waschen, entsteinen und in Spalten schneiden. Mit dem Rohrzucker vermengen, nach Belieben Amaretto hinzufügen und die Früchte auf ofenfeste Förmchen verteilen. Den Streuselteig darüber verteilen und den Crumble ca. 20 Minuten im vorgeheizten Backofen backen. Anschließend mit Puderzucker bestäuben.

Für das Vanille-Eis die Milch zusammen mit Sahne, der Hälfte des Zuckers und dem Inhalt der Vanilleschoten aufkochen.

Den restilchen Zucker zusammen mit den Eigelben in der Küchenmaschine schaumig schlagen.

Nun die Ei-Zucker-Masse vorsichtig in die Milch einrühren und über einem Wasserbad „zur Rose abziehen".

Die Masse erkalten lassen und vor dem Servieren ca. ½ Stunde in die Eismaschine geben.

Teamspirit...

THOMAS HARTMANN UND SEIN AGENTURTEAM **KRIEGEN'S GEMEINSAM PRIMA GEBACKEN.** ALLE ZAHNRÄDCHEN GREIFEN PERFEKT INEINANDER.

www.hartmann-koch.de
Risotto und Werbetrommel
wollen gut gerührt sein!

…Dans nos jardins dérangés
Tellement de fleurs allongées, tellement
Sous la lumières orangée
Longuement nos corps mélangés, longtemps…

Provenzalischer Vin d'orange

5 unbehandelte Bitterorangen

2 unbehandelte süße Orangen

½ L reiner Alkohol (Apotheke)

5 L Rosé aus der Provence

1 Vanilleschote

1 kg Zucker

Orangen mit Schale in Viertel schneiden, mit ½ Liter reinem Alkohol übergießen und Rosé hinzufügen. Vanilleschote längs einschneiden und dazugeben.

Diese Mischung in einer verschließbaren Box oder einem Kanister im dunklen, kühlen Keller 20 Tage stehen lassen.

Nach Ablauf der 20 Tage Zucker hinzufügen und weitere 10 Tage ruhen lassen. Filtern und auf Flaschen ziehen. Im Sommer als Apéritif auf Eiswürfeln servieren.

NICOLE UND HERBERT FRENKEN –

EIN MEDITERRANES GENIESSER-DUETT

Zwei, die sich gesucht und gefunden haben, holen den Süden nach Limburg

Nicole Frenken ist die Texterin dieses Buches, und weil sie sich schlecht selbst portraitieren kann, übernehmen hier ausnahmsweise einmal die Köche diese Aufgabe. Und zu erzählen gibt es einiges über die selbstständige Kommunikations- und Marketingberaterin, z. B. dass sie, die Hessin, nicht nur über ein mediterranes Temperament verfügt, sondern auch ihre geistige Heimat im Süden Frankreichs oder Italiens gefunden hat. In beiden Sprachen bewegt sie sich wie der berühmte Fisch im Wasser und hat auch die südliche Lebensart in ihren Alltag aufgenommen.

Südliche Genüsse

Was sie am Süden so anzieht? „Es ist die Wärme – nicht nur die des Klimas, sondern besonders der Menschen, ihre Liebe zum Leben und ihre Fähigkeit zum Genießen!“, erklärt die quirlige Limburgerin. Faszinierend findet sie, dass es oft die einfachsten Dinge sind, die den größten Genuss bereiten: „Ein Stück ofenwarmes apulisches Brot, mit (guten!) Tomaten und Olivenöl reichen schon, um mich glücklich zu machen.“ Beim Wein dagegen darf es ruhig etwas feudaler zugehen. Hier bevorzugt sie die großen italienischen Rotweine, während es im Sommer – wie beim folgenden Menü – auch mal ein Rosé aus der Provence sein darf.

Lesen und Lieben

Ins Schwärmen gerät sie aber nicht nur für südliche Genüsse in allen Facetten, sondern auch für Literatur. Und wer sie einmal bei ihren „Literarischen Weinproben“ erleben konnte, weiß, dass sie es hier geschafft hat, alles zu verbinden, was ihr am Herzen liegt – buchstäblich alles, denn diese Weinproben waren auch der Startpunkt für die Liebe ihres Lebens. Herbert ist zwar Rheinländer, hat aber viele Jahre in Madrid gelebt und rundet nun das mediterrane Duett mit den etwas herberen spanischen Noten ab. Tagsüber unterrichtet er an der Limburger Tilemannschule Latein, Deutsch und Spanisch. Danach aber ist er mit seiner Leidenschaft für gutes Essen, guten Wein und gute Bücher die perfekte Ergänzung bei Nicoles Weinproben – und nicht nur dabei. Vor kurzem haben die beiden geheiratet und wohnen (und kochen) nun gemeinsam im Herzen der Limburger Altstadt.

www.literarische-weinproben.

Danke für's Gespräch!

NICOLE HAT ALLE KÖCHE DES BUCHS **INTERVIEWT UND PORTRAITIERT.**

Herbert und Nicole Frenken verbindet **die Liebe zu Literatur und Wein.**

- 200 g Babyspinat
- 300 g Räucherlachs
- 1 Handvoll Walnuss- oder Pinienkerne
- 200 g Cremechampignons
- 150 g Ziegenfrischkäse
- Balsamico
- Senf
- Salz, Pfeffer
- 1 Prise Zucker
- Oliven- und Kürbiskernöl

Spinatsalat mit Ziegenfrischkäse

Babyspinat waschen und auf die Teller verteilen. Räucherlachs in schmale Streifen schneiden, Walnuss- oder Pinienkerne kurz anrösten, Cremechampignons in Scheiben schneiden. Lachs, Champignons und Nüsse zusammen mit Flocken von Ziegenfrischkäse über den Spinat geben.

Vinaigrette zubereiten aus Balsamico, Senf, Salz, Pfeffer, einer Prise Zucker, Oliven- und Kürbiskernöl. Über den Salat träufeln, fertig!

Dazu: Baguette.

- 250 g Frischkäse
- Salz, Pfeffer
- Schnittlauch
- Gartenkräuter nach Gusto
- 4 Frühlingszwiebeln
- ½ L Weißwein
- 100 ml Sahne

Gefüllte Champignons mit Kräutern aus dem Garten

Frischkäse mit Salz, Pfeffer, Schnittlauch und anderen Kräutern aus dem Garten verrühren. Große Champignonköpfe damit füllen. In einer Pfanne Frühlingszwiebeln anbraten, mit gaaanz viel Weißwein und ein bisschen Sahne ablöschen. In diesem Sud (der immer wieder neu mit Wein angereichert wird) die Champignons schmoren. Dazu frisches Weißbrot, am besten apulisches.

200 g Butter

175 g Zucker

4 Eier

350 g Mehl

½ Päckchen Backpulver

⅛ L Mineralwasser

Süße Herz-Waffeln

Butter mit Zucker sahnig rühren. Eier unterrühren. Mehl und Backpulver sieben und hinzufügen. Mineralwasser einrühren.

Waffeleisen fetten und hellbraune Waffeln backen. Dem Herzbuben oder der Herzdame mit einer Erdbeersahne oder Zucker-Zimt servieren. Der Phantasie sind keine Grenzen gesetzt. Sie schmecken sogar mit Ziegenkäse kombiniert.

Von ganzem Herzen!
Ute und Rainer Wengenroth

HERZLICHEN DANK AN …

… alle unsere Tafelfreunde und die „Schaulustigen", die unsere Kochevents zu dem gemacht haben, was sie waren: ein Fest für's Leben! Es hat riesigen Spaß gemacht, mit Euch zu kochen, zu plaudern, zu fachsimpeln, zu lachen und die gemeinsame Zeit zu genießen!

… Davide De Leo (www.thecore-design.de), dem besten Grafiker der Welt. Herzlichen Dank, dass Du mit Deinem geschulten Auge für das Schöne, mit viel Geduld und zahlreichen Nachtschichten einen Augenschmaus aus unserem Kochbuch gemacht hast!

… Nicole Frenken. Sie hat mit der richtigen Wortwahl „das Salz in die Suppen" geschrieben. Mit den Texten ist das Buch nicht nur sehenswert, sondern auch liebenswert.

… Herbert Frenken, der uns alle geduldig beim Texten, Schreiben und Korrekturlesen gerettet hat, und von dem die seltenen Fotos stammen, auf denen Rainer und Ute gemeinsam zu sehen sind! „Nicole, wie gut, dass Du einen Deutschlehrer geheiratet hast!"

… alle Testesser, die geduldig alle unsere Neukreationen probiert und bewertet haben, vor allem an Utes Eltern und die engsten Freunde.

… an Dieter, der an Utes Träume und Pläne geglaubt hat.

… an alle Freunde, die wir in der Kochbuch-Entstehungszeit sträflich vernachlässigt haben. Wir holen unsere gemeinsame Zeit nach, versprochen. Wir haben viel zu erzählen – und neue wunderbare Rezepte, um Euch damit zu bekochen. Danke für Eure Treue und Geduld.

… an unser Team „Kunstwerk Ute Wengenroth" in Limburg, die uns im Geschäft den Rücken frei gehalten haben, wenn wir mal wieder – bewaffnet mit Körben voller Zutaten, Fotoapparaten, Stativen und Beleuchtungsequipment – zu den Kochevents abgerauscht sind.

… an Thomas Hartmann von der Werbeagentur Hartmann//Koch in Höhr-Grenzhausen für die gute Beratung, seine Inspirationen und die Anregungen zum Thema Foodfotografie. Er hat ein bewunderswertes Gespür für das Detail.

… an die Firma Bierbaum & Proenen GmbH & Co. KG (www.bp-feelthedifference.de), die uns die hochwertigen Profi-Schürzen zur Verfügung gestellt hat, sowie an die Firma Reimold Automaten-Stickerei GmbH & Co. KG (www.stickerei-reimold.de), die diese so gekonnt mit dem Kochbuch-Titel bestickte.

Herzlichen Dank an Nicole Frenken, die aus unserem Kochbuch mit ihrem Wortschatz ein schmackhaftes Lesebuch kreiert hat!

Davide De Leo ist ein wundervoller Designer, der es geschafft hat, unseren Traum Wirklichkeit werden zu lassen. Mit unglaublicher Professionalität und Zuverlässigkeit und – vor allem – mit dem außergewöhnlichen Gespür für die Stimmung jedes Kochevents und für die Charakteristika des jeweiligen Tafelfreundes. Davide, dieses Buchprojekt mit Dir hat uns Appetit auf mehr gemacht! Herzlichen Dank!

Fotograf Rainer

ausnahmsweise vor der Linse

TRÜFFEL 1.50
SCHOKO-KUSS 1.50
FRISCHE FRÜCHTE

Spaghetti mit Koreander-Pesto und Spinat

Topfgucker – vor und hinter dem Ofen

Estragon
VINO
ITALIANO

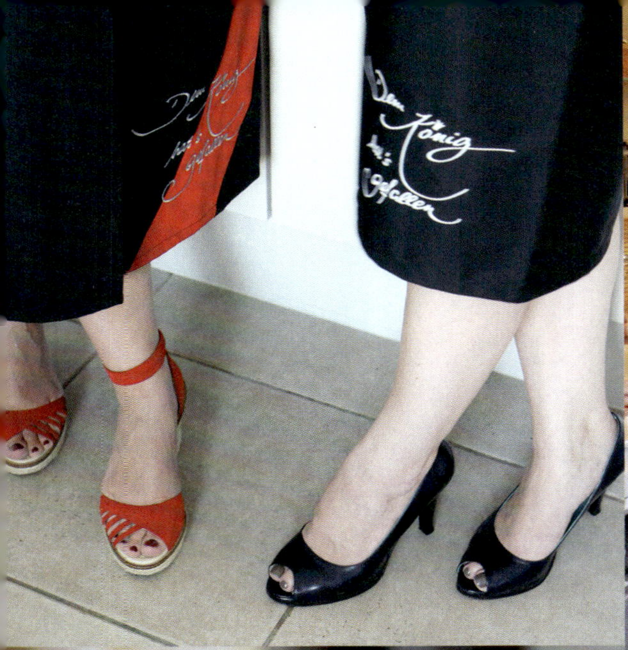

Rezeptregister

Rezeptregister

Namensregister

Namensregister

kunst WERK

Ute Wengenroth

WWW.UTE-WENGENROTH.DE